Impressum
Verlag: BABADADA GmbH, Nedderfeld 112 , 22529 Hamburg
Geschäftsführer / Verlagsleitung: Harald Hof
Druck: Books on Demand GmbH, In de Tarpen 42, 22848 Norderstedt

Imprint
Publisher: BABADADA GmbH, Nedderfeld 112 , 22529 Hamburg, Germany
Managing Director / Publishing direction: Harald Hof
Print: Books on Demand GmbH, In de Tarpen 42, 22848 Norderstedt

sekolahan

σχολείο

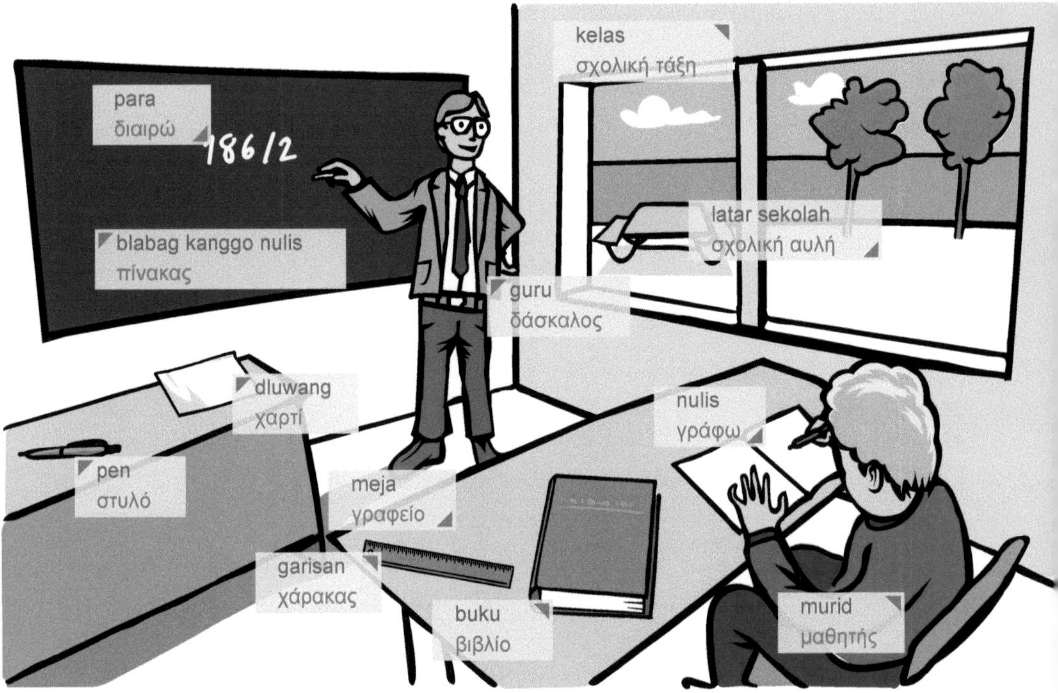
kelas
σχολική τάξη
para
διαιρώ
186/2
blabag kanggo nulis
πίνακας
latar sekolah
σχολική αυλή
guru
δάσκαλος
dluwang
χαρτί
nulis
γράφω
pen
στυλό
meja
γραφείο
garisan
χάρακας
buku
βιβλίο
murid
μαθητής

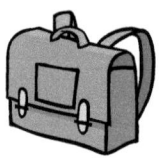

tas sekolah

σχολική τσάντα

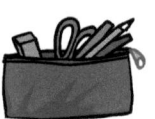

tepak potlot

κασετίνα/ μολυβοθήκη

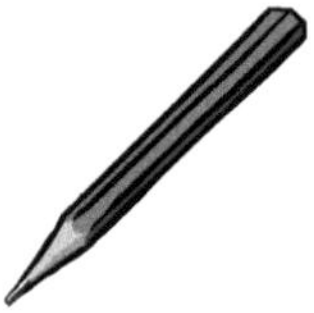

potlot

μολύβι

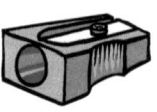

orotan potlot

ξύστρα

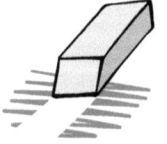

setip

γόμα

lemek nggambar

μπλοκ ζωγραφικής

gambar

ζωγραφική

kuwas

πινέλο

tepak cat nggambar

κουτί χρωμάτων

gunting

ψαλίδι

lem

κόλλα

buku latihan soal

τετράδιο ασκήσεων

pakaryan omah

εργασία για το σπίτι

angka

αριθμός

tambah

προσθέτω

suda

αφαιρώ

ping

πολλαπλασιάζω

itung

υπολογίζω

aksara

γράμμα

abjad

αλφάβητο

tembuny

λέξη

teks

κείμενο

maca

διαβάζω

kapur

κιμωλία

wulangan

μάθημα

dhaptar

εγγράφομαι

ujian

τεστ

sertipikat

πιστοποιητικό

sragam sekolah

μαθητική στολή

pendhidhikan

εκπαίδευση

ensiklopedia

εγκυκλοπαίδεια

universitas

πανεπιστήμιο

mikroskop

μικροσκόπιο

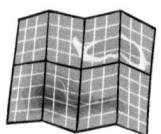

peta

χάρτης

kranjang larahan

καλάθι αχρήστων

perjalanan
ταξίδι

hotel
ξενοδοχείο
Grand
hostel
ξενώνας
ROOMS
EXCHANGE
tor pertukaran duit mancanegara
αλλακτήρια συναλλάγματος
koper
βαλίτσα
mobil
αυτοκίνητο

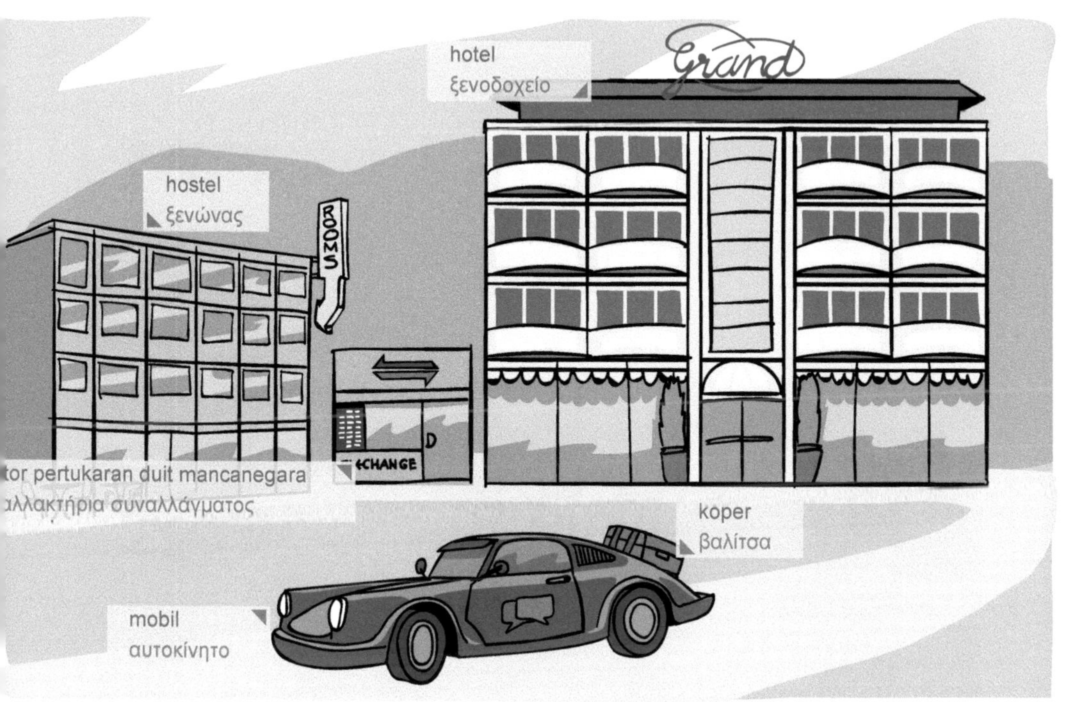

basa
γλώσσα

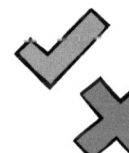

iya / ora
ναι / όχι

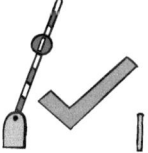

oke
εντάξει

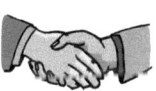

halo
γεια σου

juru basa
μεταφραστής

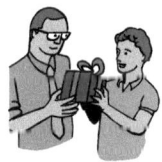

matur nuwun
Ευχαριστώ

Piro regane ...?

πόσο κάνει ;

aku ora ngerti

Δε καταλαβαίνω

masalah

πρόβλημα

Sugeng dalu!

Καλησπέρα!

Sugeng enjang

Καλημέρα!

Sugeng dalu!

Καληνύχτα!

pareng

Αντίο

arah

κατεύθυνση

koper

αποσκευές

tas

τσάντα

ransel

σακίδιο πλάτης

tamu

καλεσμένος

kamar

δωμάτιο

kantong turu

υπνόσακος

tenda

σκηνή

informasi turis

τουριστικές πληροφορίες

pantai

παραλία

kertu kredit

πιστωτική κάρτα

sarapan

πρωινό

mangan awan

μεσημεριανό

mangan ing wayah bengi

δείπνο

tiket

εισιτήριο

lift

ανελκυστήρας

perangko

γραμματόσημο

watesan

σύνορα

cukai

τελωνείο

kedutaan

πρεσβεία

visa

βίζα

paspor

διαβατήριο

angkutan

μεταφορά

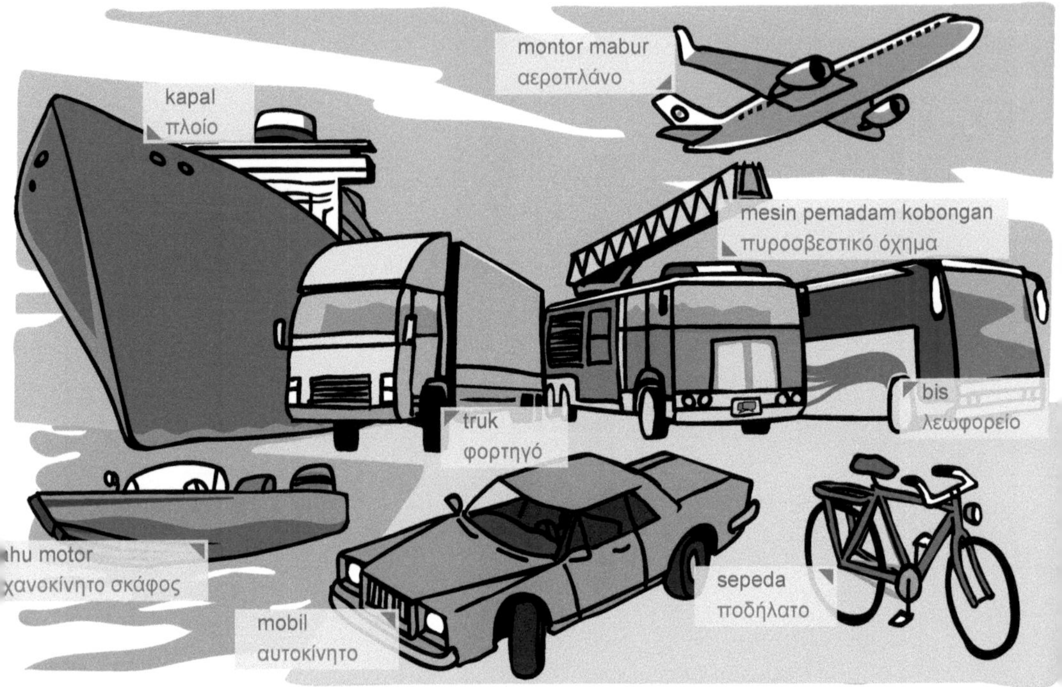

montor mabur
αεροπλάνο
kapal
πλοίο
mesin pemadam kobongan
πυροσβεστικό όχημα
bis
λεωφορείο
truk
φορτηγό
hu motor
χανοκίνητο σκάφος
sepeda
ποδήλατο
mobil
αυτοκίνητο

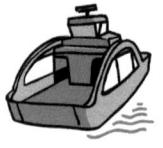

feri

φεριμπότ

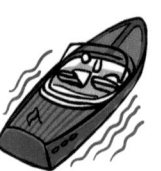

perahu

βάρκα

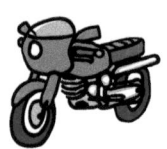

sepeda motor

μοτοσικλέτα

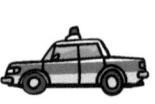

mobil polisi

περιπολικό

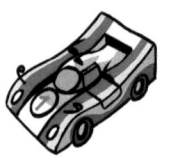

mobil balapan

αγωνιστικό αυτοκίνητο

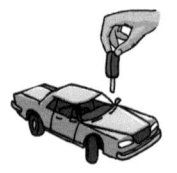

mobil sewa

ενοικιαζόμενο αυτοκίνητο

sewa mobil

διαμοιρασμός αυτοκινήτων

truk derek

γερανός

truk resek

απορριμματοφόρο

motor

κινητήρας

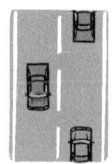

bensin

καύσιμο

pom bensin

βενζινάδικο

tanda dalan

πινακίδα σήμανσης

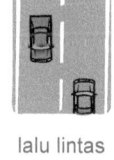

lalu lintas

κυκλοφορία

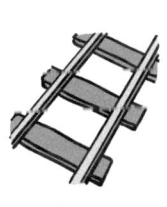

macet

κυκλοφοριακή συμφόρηση

parkir mobil

χώρος στάθμευσης

stasiun sepur

σιδηροδρομικός σταθμός

ril sepur

σιδηροδρομικές γραμμές

sepur

τρένο

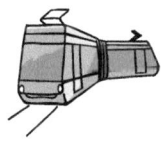

tram

τραμ

grobak

βαγόνι

helikopter
ελικόπτερο

lapangan montor mabur
αεροδρόμιο

menara
πύργος

penumpang
επιβάτης

kontener
εμπορευματοκιβώτιο

kerdhus
χαρτοκιβώτιο

troli
καρότσι

kranjang
καλάθι

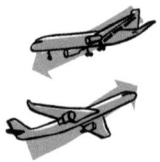

mabur / ndarat
απογειώνομαι /
προσγειόνομαι

kutha
πόλη

desa
χωριό

tengah kutha
κέντρο της πόλης

omah
σπίτι

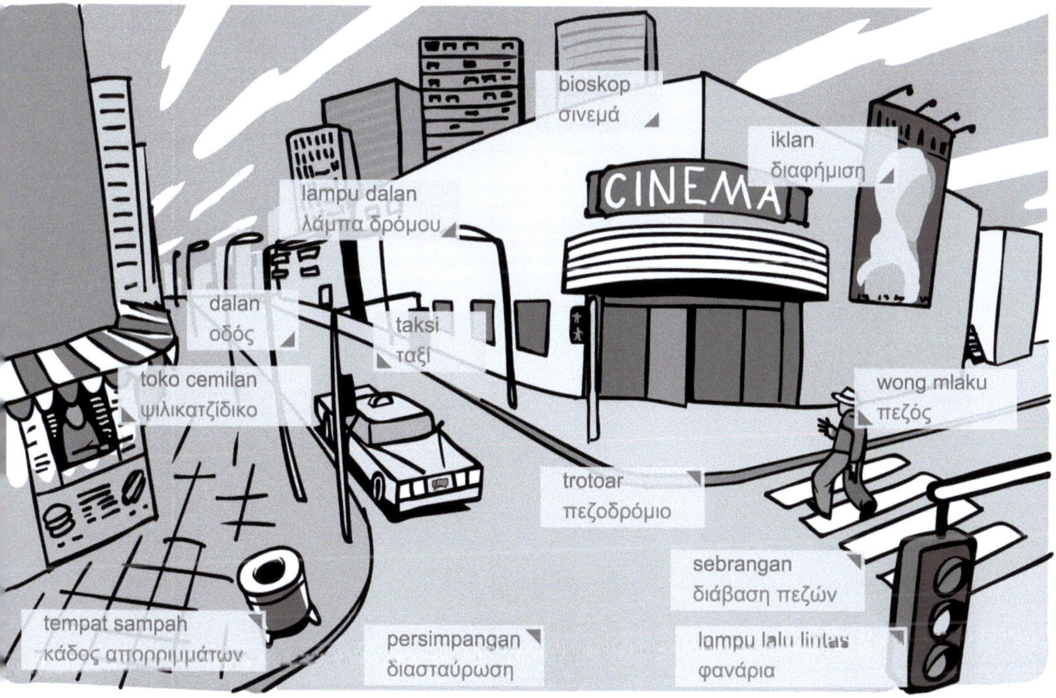
bioskop
σινεμά
CINEMA
iklan
διαφήμιση
lampu dalan
λάμπα δρόμου
dalan
οδός
taksi
ταξί
toko cemilan
ψιλικατζίδικο
wong mlaku
πεζός
trotoar
πεζοδρόμιο
sebrangan
διάβαση πεζών
tempat sampah
κάδος απορριμμάτων
persimpangan
διασταύρωση
lampu lalu lintas
φανάρια

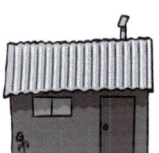

gubuk

καλύβα

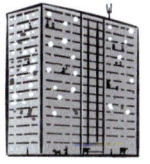

apartemen

διαμέρισμα

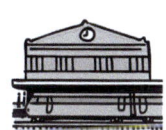

stasiun sepur

σιδηροδρομικός σταθμός

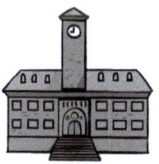

bale kutha

δημαρχείο

MUSEUM

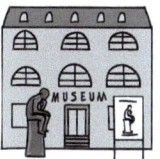

museum

μουσείο

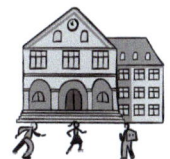

sekolahan

σχολείο

universitas

πανεπιστήμιο

bank

τράπεζα

griya sakit

νοσοκομείο

hotel

ξενοδοχείο

apotek

φαρμακείο

kantor

γραφείο

toko buku

βιβλιοπωλείο

toko

κατάστημα

toko kembang

ανθοπωλείο

supermarket

σούπερ μάρκετ

pasar

αγορά

toko sarwa ana

πολυκατάστημα

toko iwak

ιχθυοπωλείο

mal

εμπορικό κέντρο

pelabuhan

λιμάνι

taman

πάρκο

bangku

παγκάκι

tretek

γέφυρα

andha

σκάλες

metro

μετρό

trowongan

τούνελ

halte bis

στάση λεωφορείου

bar

μπαρ

restoran

εστιατόριο

kotak surat

γραμματοκιβώτιο

pratandha dalan

πινακίδα δρόμου

meteran parkir

παρκόμετρο

kebon kewan

ζωολογικός κήπος

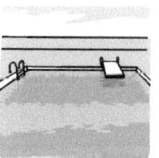

kolam renang

πισίνα

maɔjid

τζαμί

kebon
αγρόκτημα

polusi
ρύπανση

kuburan
νεκροταφείο

greja
εκκλησία

panggon dolanan
παιδική χαρά

candi
ναός

lanskap
τοπίο

godong
φύλλο

plang
πινακίδα κατεύθυνσης

dalan
δρόμος

beran
λιβάδι

watu
πέτρα

uwit
δέντρο

wong munggah
πεζοπόρος

kali
ποτάμι

suket
χορτάρι

kembang
λουλούδι

lembah

κοιλάδα

bukit

λόφος

tlogo

λίμνη

alas

δάσος

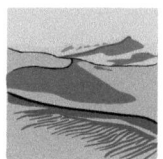

ara-ara

έρημος

gunung geni

ηφαίστειο

keraton

κάστρο

kluwung

ουράνιο τόξο

jamur

μανιτάρι

uwit palem

φοίνικας

lemut

κουνούπι

laler

μύγα

semut

μυρμήγκι

tawon

μέλισσα

angga angga

αράχνη

kumbang

σκαθάρι

kodok

βάτραχος

bajing

σκίουρος

landhak

σκαντζόχοιρος

truwelu

λαγός

manuk dares

κουκουβάγια

manut

πουλί

banyak

κύκνος

celeng

αγριογούρουνο

kidang

ελάφι

menjangan

άλκη

bendungan

φράγμα

turbin angin

ανεμογεννήτρια

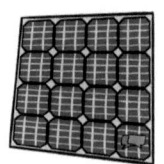

panel srengenge

ηλιακός συλλέκτης

iklim

κλίμα

restoran

εστιατόριο

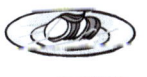

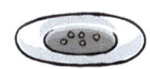

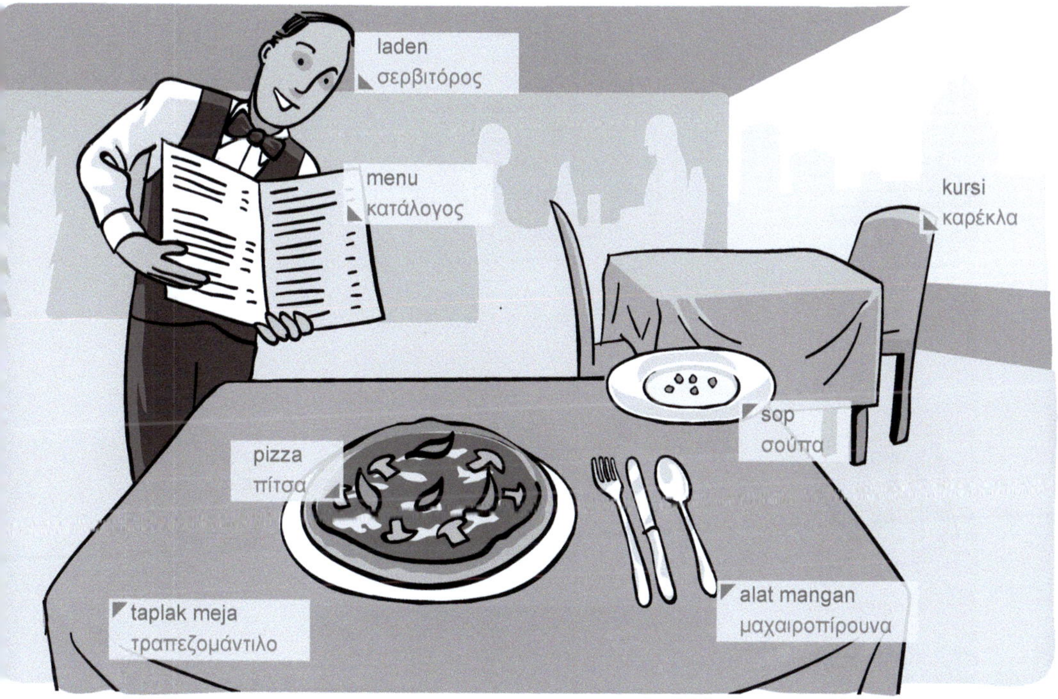
laden
σερβιτόρος
menu
κατάλογος
kursi
καρέκλα
sop
σούπα
pizza
πίτσα
taplak meja
τραπεζομάντιλο
alat mangan
μαχαιροπίρουνα

hidangan pambuka

ορεκτικό

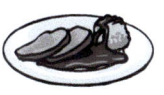

menu utama

κύριο πιάτο

hidangan penutup

επιδόρπιο

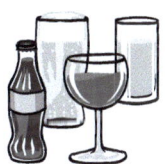

ombenan

ποτά

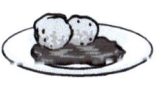

panganan

φαγητό

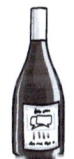

gendul

μπουκάλι

panganan instan

φαστ φουντ

jajan cemilan

φαγητό στ' όρθιο

ceret teh

τσαγιέρα

kaleng gula

δοχείο ζάχαρης

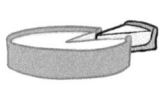

porsi

μερίδα

mesin espresso

μηχανή εσπρέσο

kursi duwur

ψηλή καρέκλα

tagihan

λογαριασμός

baki

δίσκος

lading

μαχαίρι

sendok garpu

πιρούνι

sendok

κουτάλι

sendok teh

κουταλάκι του τσαγιού

serbet

πετσέτα φαγητού

gelas

ποτήρι

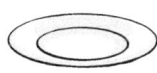

piring
πιάτο

piring sop
πιάτο σούπας

lepek
πιατάκι φλιτζανιού

duduh
σάλτσα

gendul uyah
αλατιέρα

bubuk mrico
μύλος για πιπέρι

cuka
ξύδι

lenga
λάδι

bumbon
μπαχαρικά

saos tomat
κέτσαπ

mustar
μουστάρδα

mayones
μαγιονέζα

supermarket

σούπερ μάρκετ

tawaran khusus
προσφορά
FOR
langganan
πελάτης
produk saka susu
γαλακτοκομικά προϊόντα
woh-wohan
φρούτα
troli
καρότσι για ψώνια

BUTCHERS

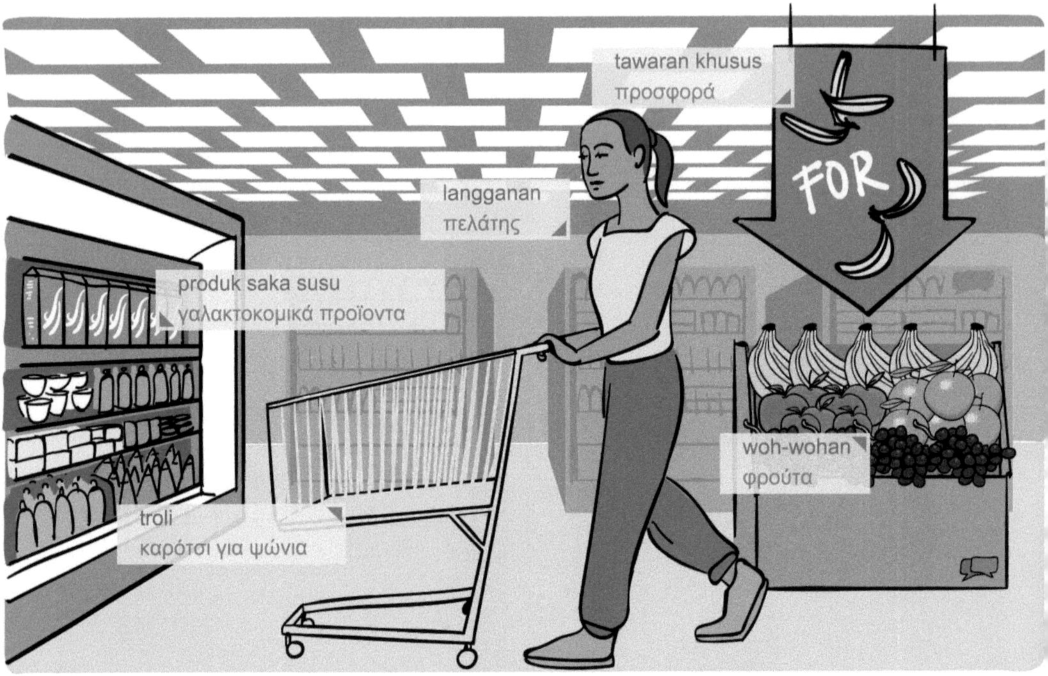

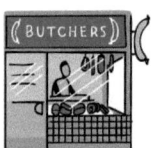

toko daging
κρεοπωλείο

BAKERY

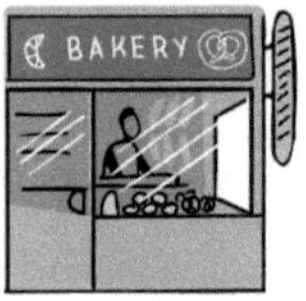

toko roti
φούρνος

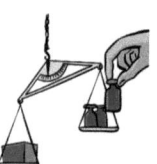

nimbang
ζυγίζω

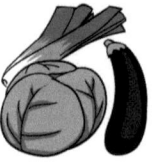

janganan
λαχανικά

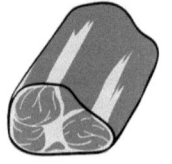

daging panggang
κρέας

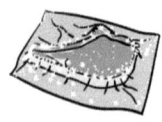

panganan beku
κατεψυγμένα τρόφιμα

irisan daging

αλλαντικά

panganan kaleng

κονσερβοποιημένη τροφή

deterjen

απορρυπαντικό ρούχων

permen

γλυκά

produk reresik omah

οικιακά είδη

produk reresik

καθαριστικά προϊόντα

bakul

πωλήτρια

mesin kasir

ταμείο

kasir

ταμίας

daftar blanja

λίστα για ψώνια

jam buka

ωράριο λειτουργίας

dompet

πορτοφόλι

kertu kredit

πιστωτική κάρτα

tas

τσάντα

tas krecek

πλαστική σακούλα

ποτά

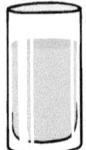

banyu

νερό

jus

χυμός

susu

γάλα

ombenan kanthi karbon

κόκα κόλα

anggur

κρασί

bir

μπίρα

alkohol

αλκοόλ

coklat

κακάο

teh

τσάι

kopi

καφές

espresso

εσπρέσο

cappuccino

καπουτσίνο

gedhang

μπανάνα

apel

μήλο

jeruk

πορτοκάλι

semangka

πεπόνι

jeruk lemon

λεμονι

wortel

καρότο

bawang

σκόρδο

pring

μπαμπου

bawang

κρεμμύδι

jamur

μανιτάρι

kacang

ξηροί καρποί

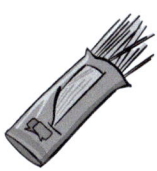

bakmi

νουντλς

spageti

μακαρόνια

sego

ρύζι

salad

σαλάτα

kentang goreng

πατατάκια

kentang goreng

τηγανητές πατάτες

pizza

πίτσα

hamburger

χάμπουργκερ

roti isi

σάντουιτς

daging irisan

κοτολέτα

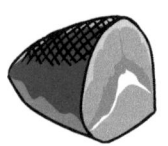

daging ham

ζαμπόν

salami

σαλάμι

sosis

λουκάνικο

pitik

κοτόπουλο

daging panggang

ψητό

iwak

ψάρι

panganan - φαγητό

bubur gandum

χυλός βρώμης

muesli

μούσλι

sereal jagung

κορν φλέικς

glepung

αλεύρι

croissant

κρουασάν

roti

ψωμάκι

roti

ψωμί

roti panggang

τοστ

biskuit

μπισκότα

mertega

βούτυρο

dadih

τυρόπηγμα

kue

κέικ

endog

αυγό

endog goreng

τηγανητό αυγό

keju

τυρί

es krim

παγωτό

gula

ζάχαρη

madu

μέλι

sele

μαρμελάδα

krim nugat

άλλειμμα σοκολάτας

kare

κάρυ

kebon
αγρόκτημα

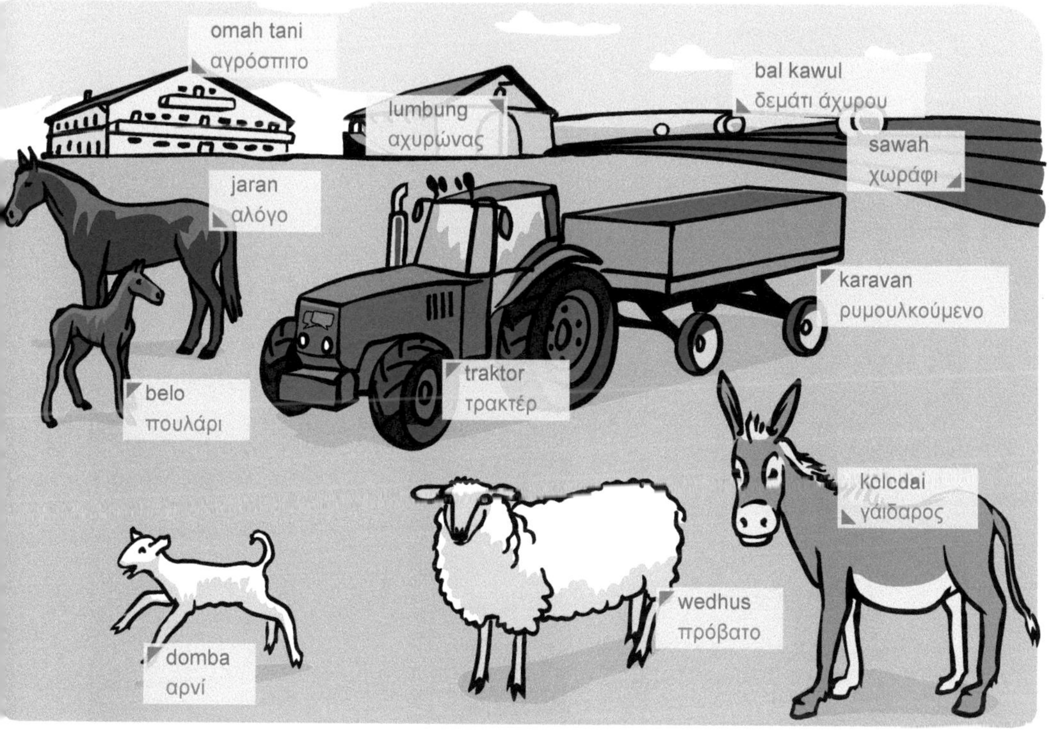
omah tani
αγρόσπιτο
lumbung
αχυρώνας
bal kawul
δεμάτι άχυρου
sawah
χωράφι
jaran
αλόγο
karavan
ρυμουλκούμενο
traktor
τρακτέρ
belo
πουλάρι
kolcdai
γάιδαρος
wedhus
πρόβατο
domba
αρνί

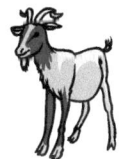

wedhus
....
κατσίκα

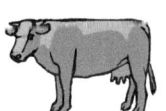

sapi
....
αγελάδα

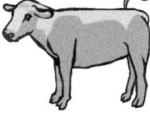

pedhet
....
μοσχαράκι

babl
....
γουρούνι

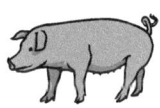

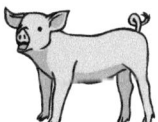

gambluk
....
γουρουνάκι

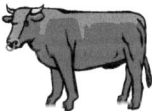

kebo
....
ταύρος

banyak

χήνα

bebek

πάπια

kuthuk

κοτοπουλάκι

babon

κότα

jago

κόκορας

tikus

αρουραίος

kucing

γάτα

tikus

ποντίκι

sapi

βόδι

asu

σκύλος

kandang asu

σπιτάκι σκύλου

selang

λάστιχο κήπου

gembor

ποτιστήρι

arit gede

θεριστήρι

waluku

αλέτρι

arit gede

δρεπάνι

pacul

τσάπα

garu

δίκρανο

kapak

τσεκούρι

grobak surung

χειράμαξα

wadah pakan

ταΐστρα

kaleng susu

δοχείο γάλακτος

karung

σάκος

pager

φράχτης

kandang

στάβλος

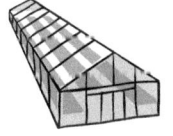

omah kaca

θερμοκήπιο

lemah

έδαφος

wiji

σπόρος

rabuk

λίπασμα

traktur panen

θεριζοαλωνιστική μηχανή

manen

θερίζω

panen

συγκομιδή

ubi

γιαμς

gandum

σιτάρι

kedelai

σόγια

kentang

πατάτα

jagung

καλαμπόκι

lobak

κράμβη

wit woh-wohan

οπωροφόρο δέντρο

telo

μανιόκα

sereal

δημητριακά

omah

σπίτι

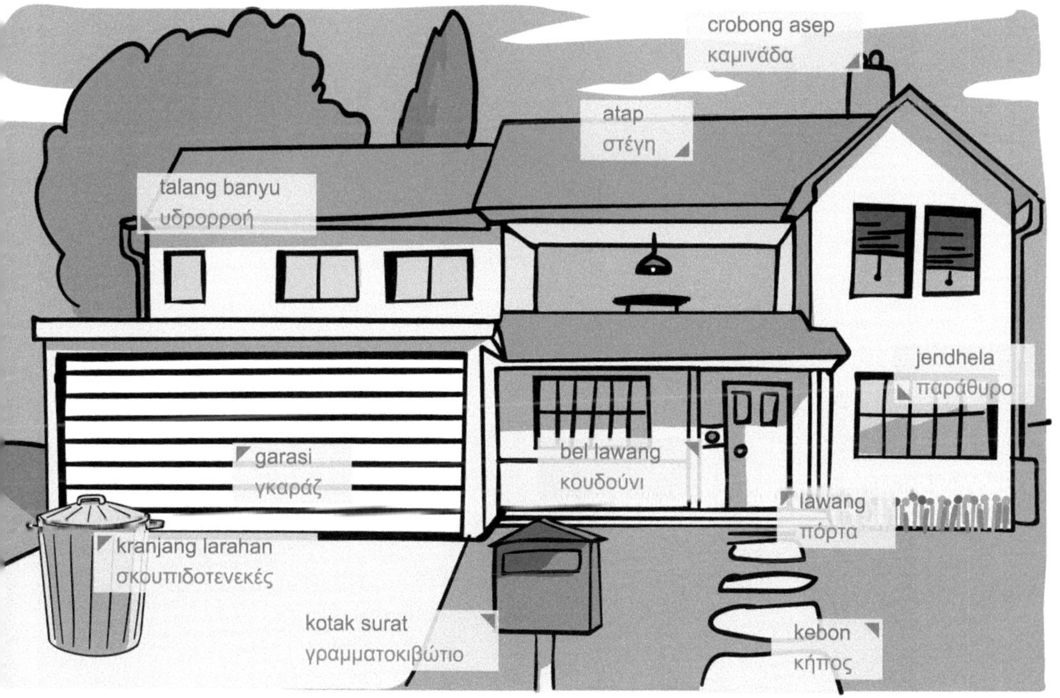
crobong asep
καμινάδα
atap
στέγη
talang banyu
υδρορροή
jendhela
παράθυρο
garasi
γκαράζ
bel lawang
κουδούνι
lawang
πόρτα
kranjang larahan
σκουπιδοτενεκές
kotak surat
γραμματοκιβώτιο
kebon
κήπος

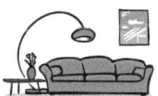

ruang tamu

σαλόνι

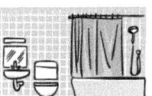

jedhing

μπάνιο

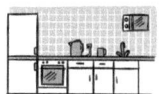

pawon

κουζίνα

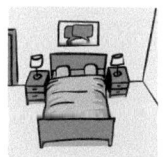

kamar turu

υπνοδωμάτιο

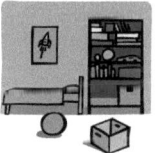

kamar anak

παιδικό δωμάτιο

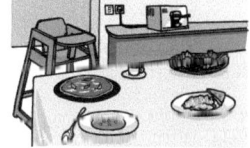

kamar panedhaan

τραπεζαρία

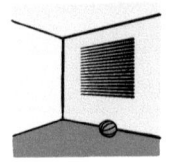

jobin

πάτωμα

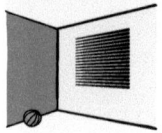

tembok

τοίχος

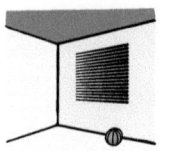

pyan

οροφή

gudhang ing njero lemah

κελάρι

sauna

σάουνα

balkon

μπαλκόνι

teras

βεράντα

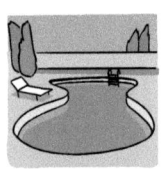

blumbang kanggo nglangi

πισίνα

mesin kanggo motong suket

μηχανή του γκαζόν

lembaran

σεντόνι

sprei

κάλυμμα κρεβατιού

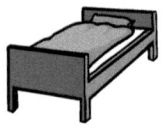

dipan

κρεβάτι

sapu

σκούπα

ember

κουβάς

tombol

διακόπτης

ruang tamu
σαλόνι

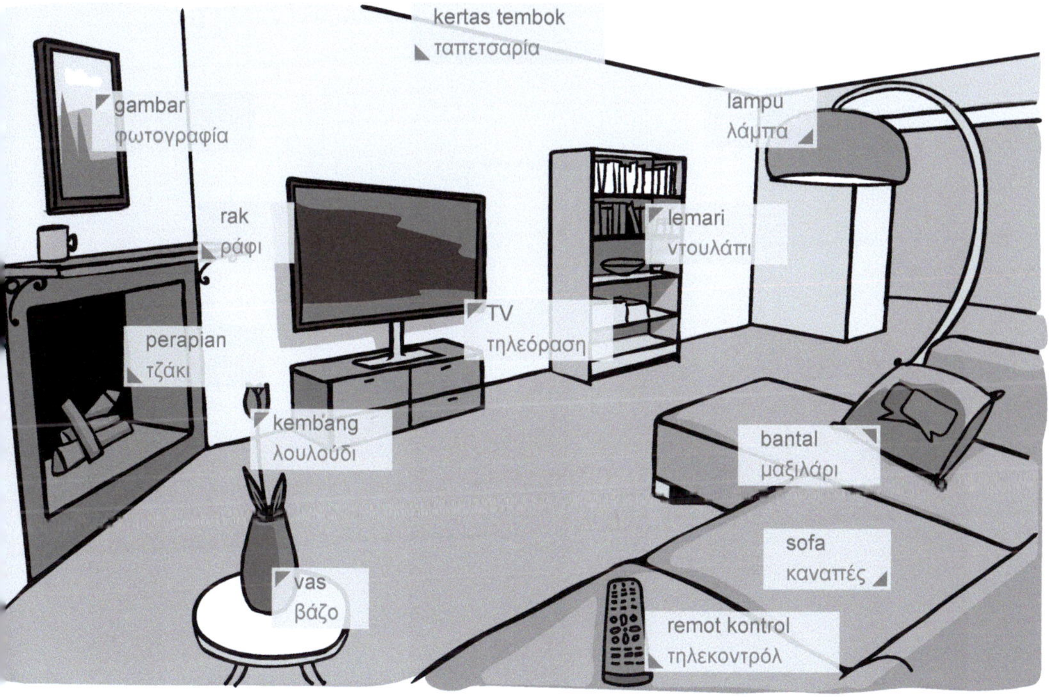
kertas tembok
ταπετσαρία
gambar
φωτογραφία
lampu
λάμπα
rak
ράφι
lemari
ντουλάπι
TV
τηλεόραση
perapian
τζάκι
kembang
λουλούδι
bantal
μαξιλάρι
sofa
καναπές
vas
βάζο
remot kontrol
τηλεκοντρόλ

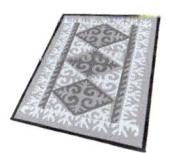

karpet

χαλί

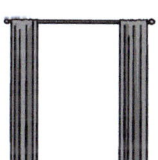

korden

κουρτίνα

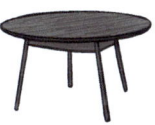

meja

τραπέζι

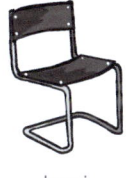

kursi

καρέκλα

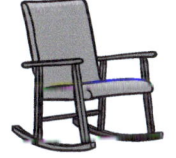

kursi goyang

κουνιστή πολυθρόνα

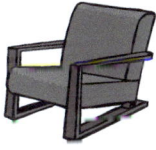

kursi tangan

πολυθρόνα

buku

βιβλίο

selimut

κουβέρτα

dekorasi

διακόσμηση

kayu bakar

καυσόξυλα

film

ταινία

hi-fi

στερεοφωνικό σύστημα

kunci

κλειδί

koran

εφημερίδα

lukisan

πίνακας ζωγραφικής

poster

αφίσα

radio

ραδιόφωνο

buku catetan

σημειωματάριο

penyedot lebut

ηλεκτρική σκούπα

kaktus

κάκτος

lilin

κερί

pawon
κουζίνα

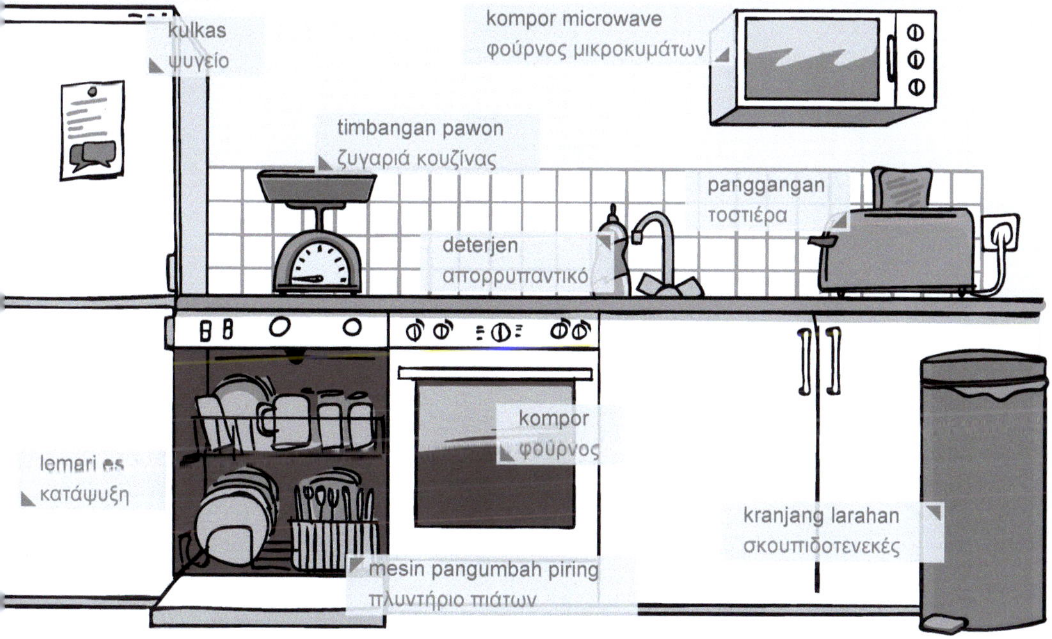
kulkas
ψυγείο
kompor microwave
φούρνος μικροκυμάτων
timbangan pawon
ζυγαριά κουζίνας
panggangan
τοστιέρα
deterjen
απορρυπαντικό
kompor
φούρνος
lemari es
κατάψυξη
kranjang larahan
σκουπιδοτενεκές
mesin pangumbah piring
πλυντήριο πιάτων

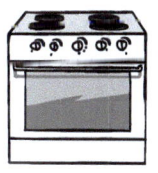

kompor

κουζίνα

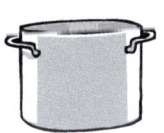

panci

κατσαρόλα

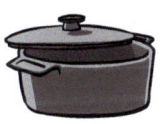

panci wesi

μαντεμένια κατσαρόλα

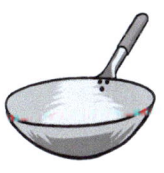

wajan

γουόκ/καντάι

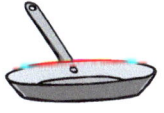

wajan

τηγάνι

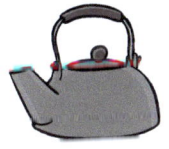

ceret

βραστήρας

kukusan

ατμομάγειρας

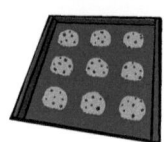

loyang

ταψί

pecah belah

πιατικά

mug

κούπα

mangkok

μπολ

sumpit

ξυλάκια

irus

κουτάλα

solet

σπάτουλα

udeg

ανακατεύω

ayakan

σουρωτήρι

saringan

σουρωτηράκι

parutan

τρίφτης

lumpang

γουδί

panggangan

ψησταριά

geni

ανοιχτή φωτιά

telenan

σανίδα κοπής

gilingan adonan

πλάστης

kotrek

ανοιχτήρι φελλών

kaleng

κονσέρβα

bukaan kaleng

ανοιχτήρι κονσέρβας

cempal

γάντι φούρνου

wastafel

νεροχύτης

sikat

βούρτσα

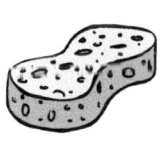

sepon

σφουγγάρι

blender

μπλέντερ

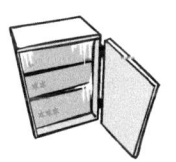

kulkas

καταψύκτης

gendul bayi

μπιμπερό

kran

βρύση

jedhing
μπάνιο

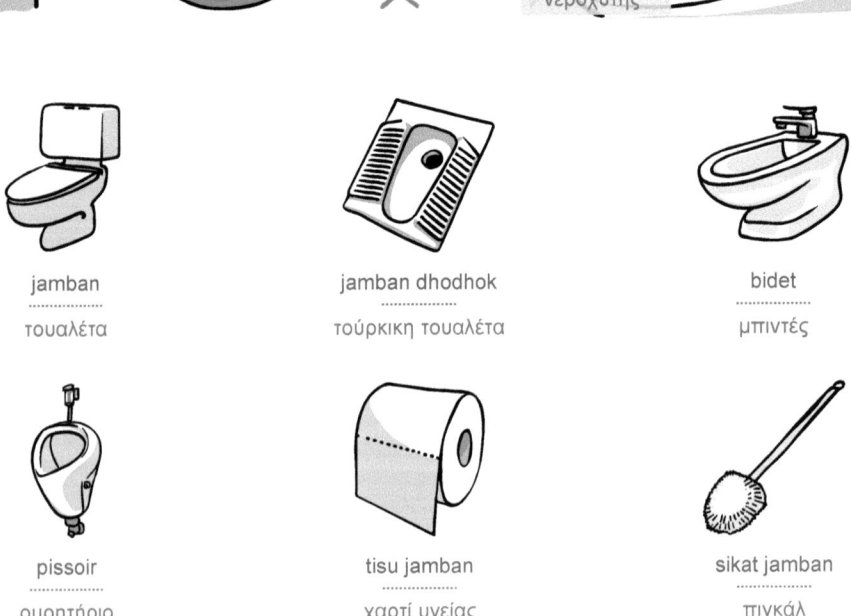

alat manasi
θέρμανση
andhuk
πετσέτα
pancuran
ντους
klambu jedhing
κουρτίνα ντους
adhus unthuk
αφρόλουτρο
bak adhus
μπανιέρα
gelas
ποτήρι
mesin ngumbah
πλυντήριο ρούχων
kran
βρύση
tekel
πλακάκια
pispot
γιογιό
wastafel
νεροχύτης

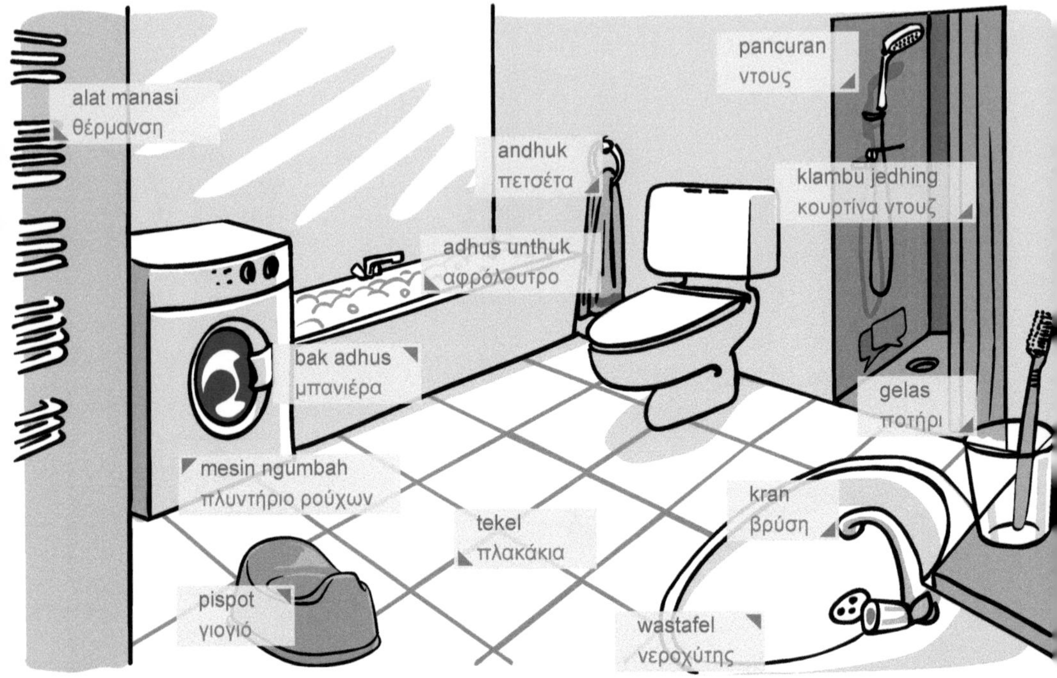

jamban

τουαλέτα

jamban dhodhok

τούρκικη τουαλέτα

bidet

μπιντές

pissoir

ουρητήριο

tisu jamban

χαρτί υγείας

sikat jamban

πιγκάλ

sikat untu
οδοντόβουρτσα

odol
οδοντόκρεμα

bolah untu
οδοντικό νήμα

ngumbahi
πλένω

gagang shower
τηλέφωνο ντους

pancuran
ντουσιέρα

baskom
λεκάνη

sikat geger
βούρτσα πλάτης

sabun
σαπούνι

gel pancuran
αφρόλουτρο

sampo
σαμπουάν

hem
φανέλα

nguras
σιφώνι

krim
κρέμα

deodoran
αποσμητικό

pangilon

καθρέφτης

koco tangan

καθρέφτης χειρός

silet

ξυραφάκι

umpluk cukur

αφρός ξυρίσματος

aftershave

αφτερσέιβ

jungkat

χτένα

sikat untu

βούρτσα

hairdryer

σεσουάρ

hairspray

λακ

dandanan

μακιγιάζ

gincu

κραγιόν

kuteks

βερνίκι νυχιών

kapas

βαμβάκι

gunting kuku

ψαλίδι νυχιών

parfum

άρωμα

kantong adhus

νεσεσέρ

dingklik

σκαμπό

timbangan

ζυγαριά

jubah kanggo sawise adhus

μπουρνούζι

sarung karet

ελαστικά γάντια

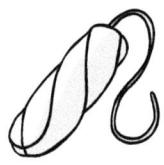

tampon

ταμπόν

pembalut

πετσέτα υγιεινής

jamban nganggo bahan kimia

χημική τουαλέτα

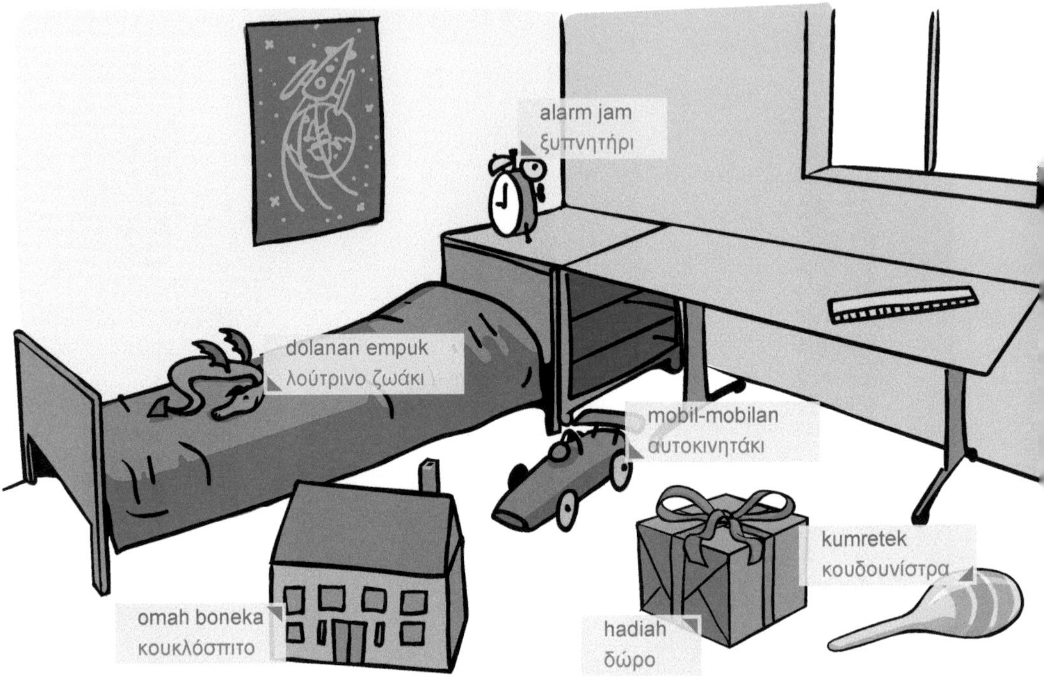

alarm jam
ξυπνητήρι
dolanan empuk
λούτρινο ζωάκι
mobil-mobilan
αυτοκινητάκι
kumretek
κουδουνίστρα
omah boneka
κουκλόσπιτο
hadiah
δώρο

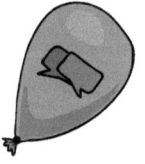

balon
μπαλόνι

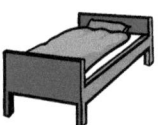

dipan
κρεβάτι

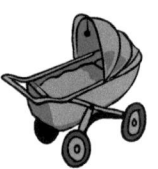

kreto bayi
καροτσάκι

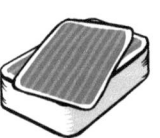

meja kertu
τράπουλα

teka-teki
παζλ

SUPER MEGA

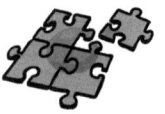

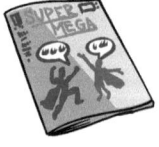

komik
κόμικς

bata lego

τουβλάκια lego

balok dolanan

τουβλάκια κατασκευών

boneka aksi

φιγούρα δράσης

klambi bayi

βρεφικό φορμάκι

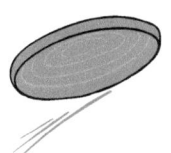

frisbee

φρίσμπι

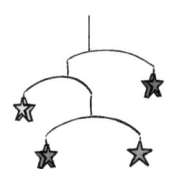

dolanan gantungan

μόμπιλο

dolanan meja

επιτραπέζιο παιχνίδι

dadu

ζάρια

sepur dolanan

σετ τρενάκι

dot

πιπίλα

pesta

πάρτι

buku gambar

εικονογραφημένο βιβλίο

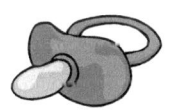

bal

μπάλα

boneka

κούκλα

dolanan

παίζω

panggon dolanan pasir

σκάμμα με άμμο

ayunan

κούνια

dolanan

παιχνίδια

konsol video game

κονσόλα βιντεοπαιχνιδιών

sepeda roda telu

τρίκυκλο

beruang teddy

αρκουδάκι

lemari sandhangan

ντουλάπα

klambi

ρούχα

kaos kaki

κάλτσες

stoking

καλτσοδέτες

kathok singset

καλσόν

slendang
κασκόλ

payung
ομπρέλα

kaos oblong
μπλουζάκι

sabuk
ζώνη

sepatu bot
μπότες

slop
παντόφλες

sepatu kets
αθλητικά παπούτσια

sandal
σανδάλια

sepatu
παπούτσια

sepatu bot karet
γαλότσες

sempak
εσώρουχο

kutang
σουτιέν

rompi
φανέλα

awak

σώμα

kathok

παντελόνι

kathok jins

τζιν παντελόνι

rok

φούστα

blus

μπλούζα

klambi

πουκάμισο

jaket nganggo kudung

πουλόβερ

sweter

πουλόβερ

blezer

σακάκι

jaket

μπουφάν

mantel

παλτό

jas udan

αδιάβροχο πανωφόρι

kostum

κοστούμι

gaun

φόρεμα

gaun manten

νυφικό

setelan

κοστούμι

klambi kanggo turu

νυχτικό

piyama

πιτζάμες

kain sari

σάρι

kudung

μαντήλι

serban

τουρμπάνι

cadar

μπούρκα

kaftan

καφτάνι

abaya

μουσουλμανικό ένδυμα

klambi kanggo nglangi

ολόσωμο μαγιό

kathok renang

ανδρικό μαγιό

kathok cekak

σορτς

klambi trening

αθλητική φόρμα

celemek

ποδιά

sarung tangan

γάντια

benik

κουμπί

kacamata

γυαλιά

gelang

βραχιόλι

kalung

περιδέραιο

ali-ali

δαχτυλίδι

anting-anting

σκουλαρίκι

peci

καπέλο

gantungan mantel

κρεμάστρα

topi

καπέλο

dasi

γραβάτα

slerekan

φερμουάρ

helem

κράνος

bretel

τιράντες

sragam sekolah

μαθητική στολή

sragam

στολή

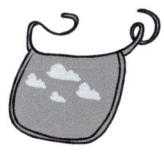

oto

σαλιάρα

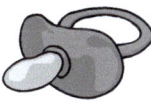

dot

πιπίλα

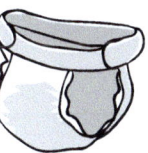

popok

πάνα

kantor

γραφείο

server
σέρβερ
lemari arsip
αρχειοθήκη
printer
εκτυπωτής
dluwang
χαρτί
monitor
οθόνη
mouse
ποντίκι
meja
γραφείο
folder
ντοσιέ
papan tombol
πληκτρολόγιο
kranjang larahan
καλάθι αχρήστων
komputer
υπολογιστής
kursi
καρέκλα

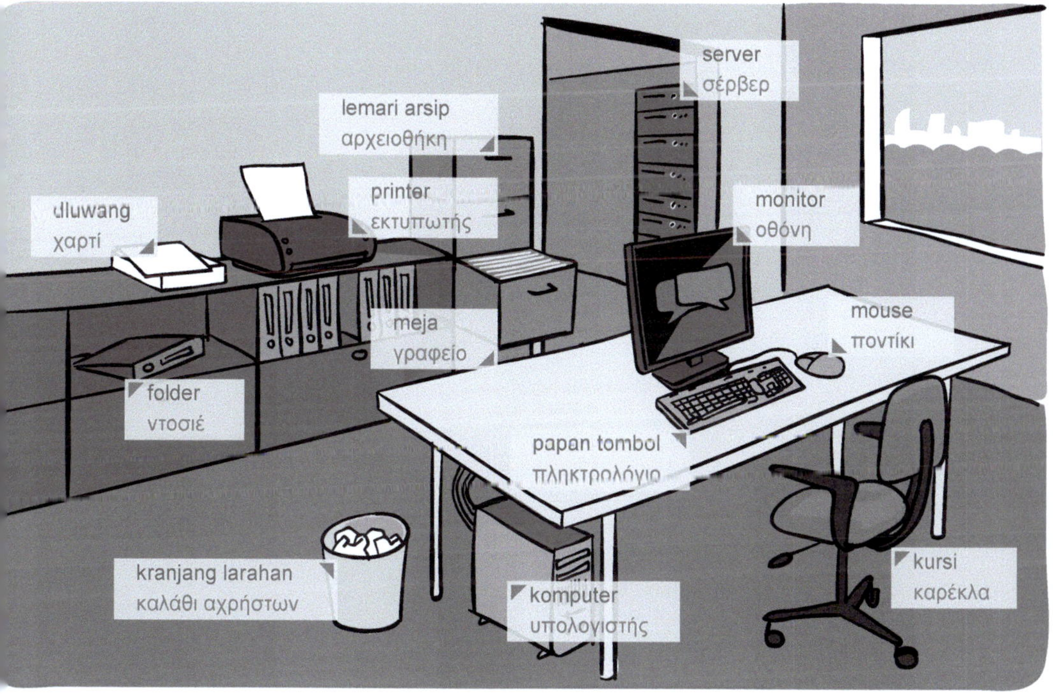

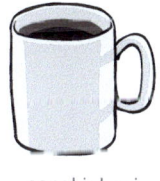

cangkir kopi

κούπα του καφέ

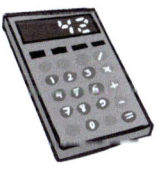

kalkulator

κομπιουτεράκι

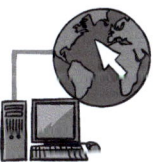

internet

ίντερνετ

laptop

λάπτοπ

surat

γράμμα

pesen

μήνυμα

HP

κινητό

jaringan

δίκτυο

mesin fotokopi

φωτοτυπικό μηχάνημα

software

λογισμικό

telpon

τηλέφωνο

colokan

πρίζα

mesin faksimili

συσκευή φαξ

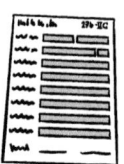

blangko

έντυπο

dokumen

έγγραφο

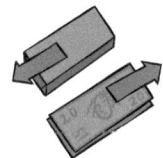

tuku

αγοράζω

mbayar

πληρώνω

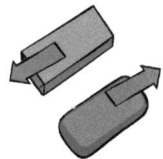

bebakulan

συναλλάσσομαι

duit

χρήματα

dolar

δολάριο

euro

ευρώ

yen

γιεν

rubel

ρούβλι

franc Swiss

ελβετικό φράγκο

yuan renminbi

ρενμίνμπι γιουάν

rupe

ρουπία

cash point

ΑΤΜ (αυτόματη ταμειακή
μηχανή)

kantor pertukaran duit
mancanegara

ανταλλακτήρια
συναλλάγματος

emas

χρυσός

perak

ασήμι

minyak

πετρέλαιο

energi

ενέργεια

rego

τιμή

kontrak

συμβόλαιο

pajek

φόρος

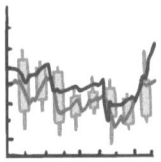

saham

μετοχή

kerjo

δουλεύω

pegawe

υπάλληλος

juragan

εργοδότης

pabrik

εργοστάσιο

toko

κατάστημα

gawean
επαγγέλματα

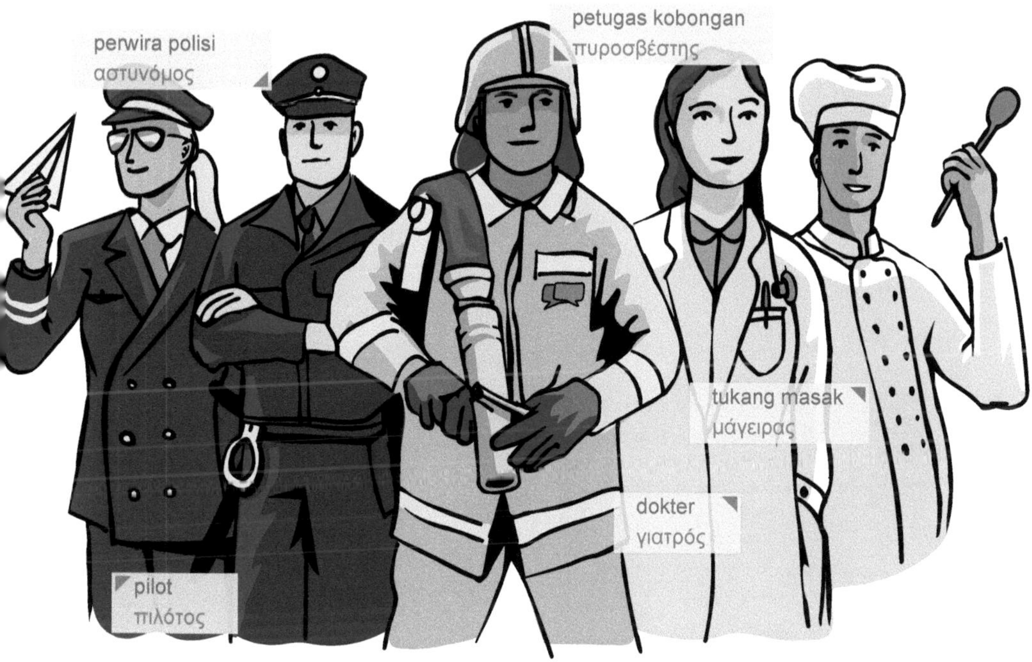

perwira polisi
αστυνόμος
petugas kobongan
πυροσβέστης
tukang masak
μάγειρας
dokter
γιατρός
pilot
πιλότος

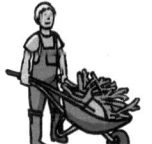

tukang kebon

κηπουρός

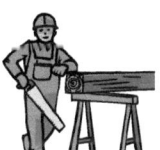

tukang kayu

ξυλουργός

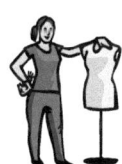

tukang jahit

μοδίστρα

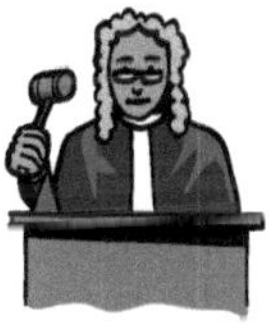

hakim

δικαστής

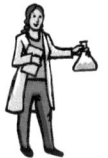

ahli kimia

χημικός

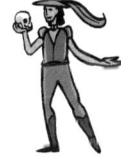

aktor

ηθοποιός

sopir bis

οδηγός λεωφορείου

sopir taksi

ταξιτζής

nelayan

ψαράς

tukang reresik

καθαρίστρια

tukang pasang gendheng

τεχνίτης στεγών

laden

σερβιτόρος

pamburu

κυνηγός

pelukis

ζωγράφος

tukang roti

αρτοποιός

tukang listrik

ηλεκτρολόγος

tukang mbangun

οικοδόμος

insinyur

μηχανολόγος

jagal

κρεοπώλης

tukang ledeng

υδραυλικός

tukang pos

ταχυδρόμος

tentara

στρατιώτης

arsitek

αρχιτέκτονας

kasir

ταμίας

bakul kembang

ανθοπώλης

juru rambut

κομμωτής

kondektur

ελεγκτής εισιτηρίων

mekanik

μηχανικός

kapten

καπετάνιος

dokter untu

οδοντίατρος

ilmuwan

επιστήμονας

rabbi

ραβίνος

imam

ιμάμης

biksu

μοναχός

pandhita

ιερέας

palu
σφυρί

tang
πένσα

obeng
κατσαβίδι

kunci Inggris
Γαλλικό κλειδί

senter
φακός

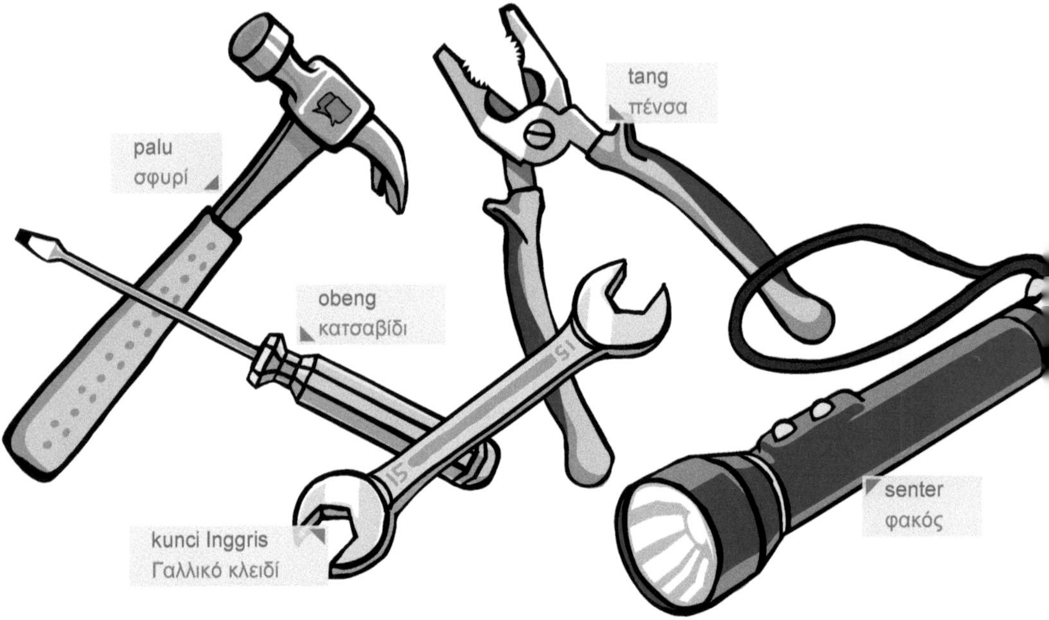

mesin kerukan

εκσκαφέας

wadah perkakas

εργαλειοθήκη

andha

σκάλα

graji

πριόνι

paku

καρφιά

bur

τρυπάνι

alat - εργαλεία

ndandani

επισκευάζω

sekop

φτυάρι

Bajigur!

Να πάρει!

serok

φαράσι

kaleng cat

δοχείο χρωμάτων

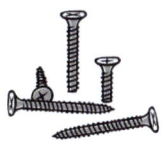

sekrup

βίδες

alat musik
μουσικά όργανα

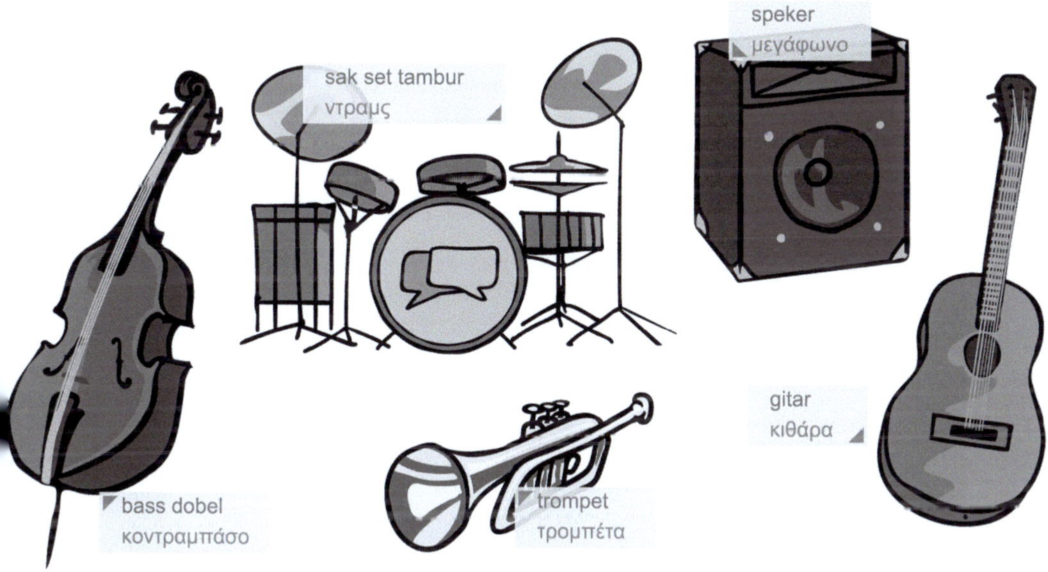

speker
μεγάφωνο

sak set tambur
ντραμς

gitar
κιθάρα

bass dobel
κοντραμπάσο

trompet
τρομπέτα

piano

πιάνο

biola

βιολί

bass

μπάσο

timpani

τύμπανα

tambur

τύμπανο

keyboard

πλήκτρα

saksofon

σαξόφωνο

suling

φλάουτο

mikropon

μικρόφωνο

alat musik - μουσικά όργανα

kebon kewan
ζωολογικός κήπος

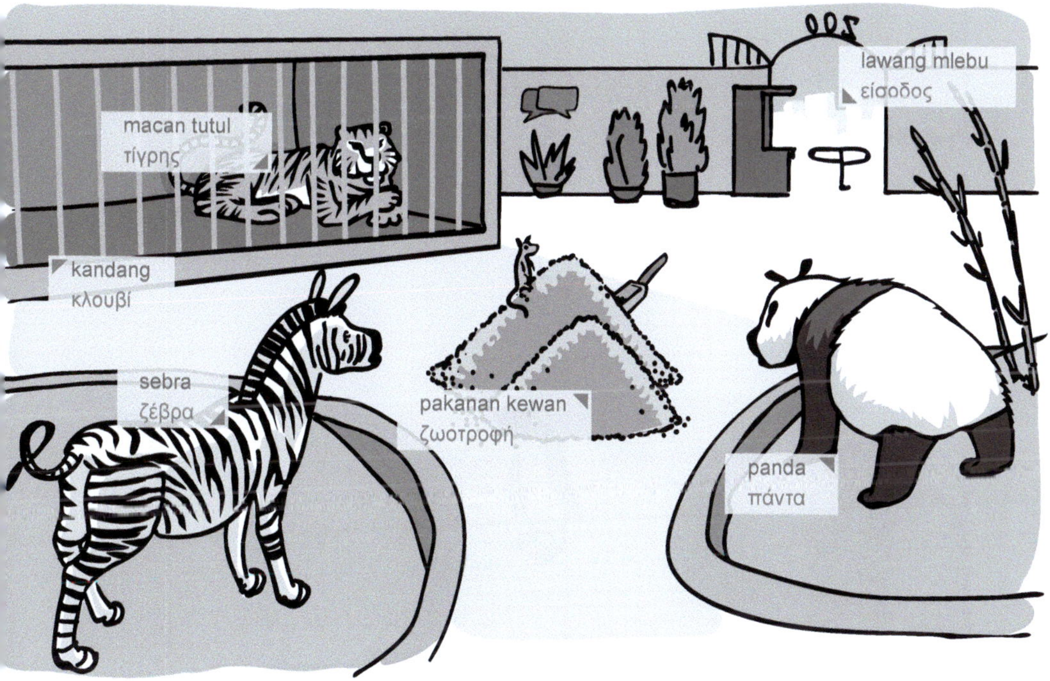

lawang mlebu
είσοδος
macan tutul
τίγρης
kandang
κλουβί
sebra
ζέβρα
pakanan kewan
ζωοτροφή
panda
πάντα

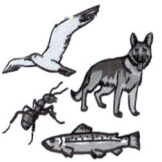

kewan

ζώα

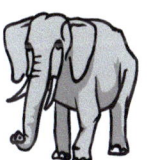

gajah

ελέφαντας

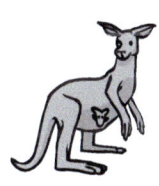

kanguru

καγκουρό

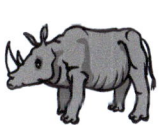

badak

ρινόκερος

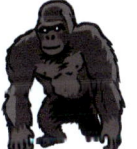

gorila

γορίλας

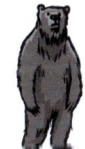

beruang

αρκούδα

unta

καμήλα

manuk unta

στρουθοκάμηλος

singa

λιοντάρι

kethek

πίθηκος

flamingo

φλαμίνγκο

bethet

παπαγάλος

beruang kutub

πολική αρκούδα

pinguin

πιγκουίνος

hiu

καρχαρίας

merak

παγώνι

ula

φίδι

baya

κροκόδειλος

juru kunci kebon kewan

φύλακας ζωολογικού κήπου

singa segara

φώκια

jaguar

τζάγκουαρ

kebon kewan - ζωολογικός κήπος

jaran poni

πόνυ

macan tutul

λεοπάρδαλη

kuda nil

ιπποπόταμος

jrapah

καμηλοπάρδαλη

garudha

αετός

celeng

αγριογούρουνο

iwak

ψάρι

bulus

χελώνα

walrus

θαλάσσιος ίππος

rubah

αλεπού

kidang

γαζέλα

bal-balan Amerika
Αμερικάνικο ποδόσφαιρο

sepedahan
ποδηλασία

tenis
αντισφαίριση

basket
μπάσκετ

nglangi
κολύμβηση

hoki es
χόκεϋ επί πάγου

tinju
πυγχαμία

bal-balan

ποδόσφαιρο

badminton

μπάντμιντον

atletik

στίβος

bal tangan

χάντμπολ

ski

σκι

polo

πόλο

ngguyu
γελάω

mencolot
πηδάω

ngrangkul
αγκαλιάζω

mlaku
περπατάω

nembang
τραγουδάω

ngimpi
ονειρεύομαι

ndonga
προσεύχομαι

ngambung
φιλάω

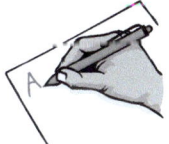

nulis

γράφω

nggambar

σχεδιάζω

nuduhake

δείχνω

mencet

πιέζω

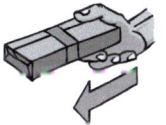

menehi

δίνω

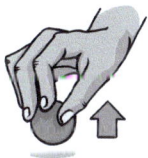

njupuk

παίρνω

duweni

έχω

nindakake

κάνω

yaiku

είμαι

ngadek

στέκομαι

mlayu

τρέχω

narik

τραβάω

nguncalake

ρίχνω

tiba

πέφτω

ngapusi

ξαπλώνω

ngenteni

περιμένω

nggawa

κουβαλώ

lungguh

κάθομαι

klamben

φοράω

turu

κοιμάμαι

tangi

ξυπνάω

ndheleng

κοιτάω

nangis

κλαίω

ngelus

χαϊδεύω

njungkati

χτενίζω

ngomong

μιλάω

mangerteni

καταλαβαίνω

takon

ρωτάω

ngrungoake

ακούω

ngombe

πίνω

mangan

τρώω

ngrapiake

συγυρίζω

nrisnani

αγαπάω

masak

μαγειρεύω

nyopir

οδηγώ

mabur

πετάω

nglayar

κάνω ιστιοπλοΐα

itung

υπολογίζω

maca

διαβάζω

sinau

μαθαίνω

kerjo

δουλεύω

ngrabi

παντρεύομαι

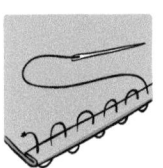

njahit

ράβω

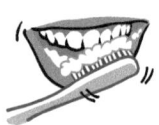

nyikat untu

βουρτσίζω τα δόντια

mateni

σκοτώνω

ngrokok

καπνίζω

ngirim

στέλνω

keluarga

οικογένεια

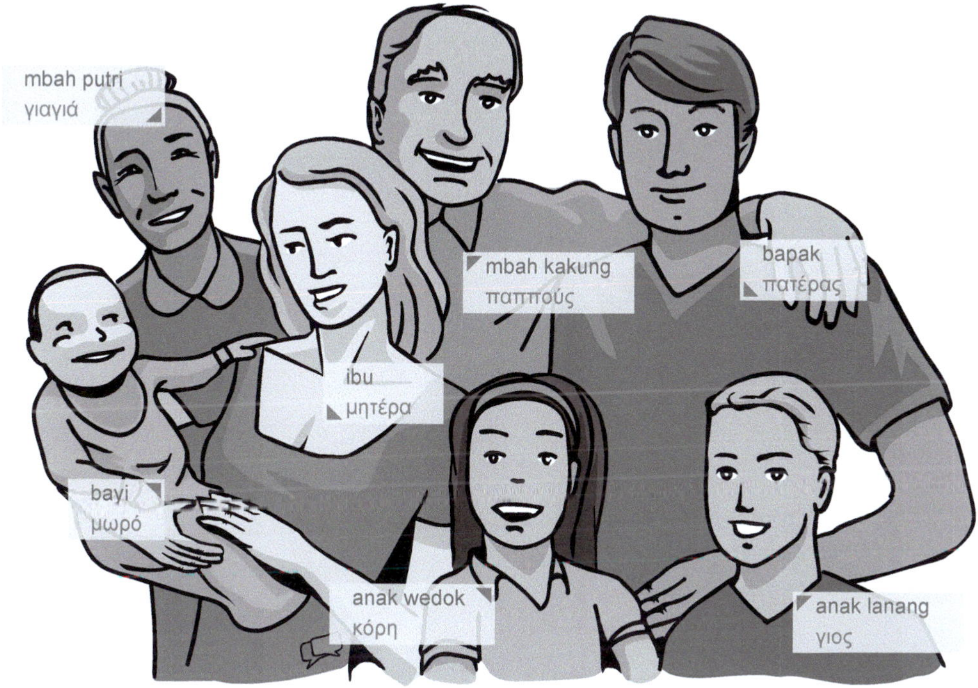

mbah putri
γιαγιά
mbah kakung
παππούς
bapak
πατέρας
ibu
μητέρα
bayi
μωρό
anak wedok
κόρη
anak lanang
γιος

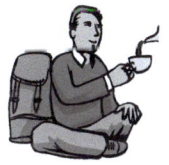

tamu

καλεσμένος

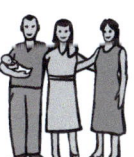

bu lik

θεία

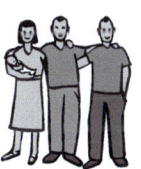

pak lik

θείος

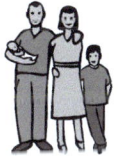

dulur lanang

αδελφός

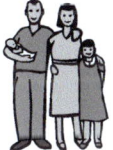

dulur wadon

αδελφή

awak

σώμα

bathuk
μέτωπο
mripat
μάτι
pundhak
ώμος
driji
δάχτυλο
pasuryan
πρόσωπο
janggut
πιγούνι
tangan
χέρι
sikil
πόδι
payudara
στήθος
lengen
βραχίονας

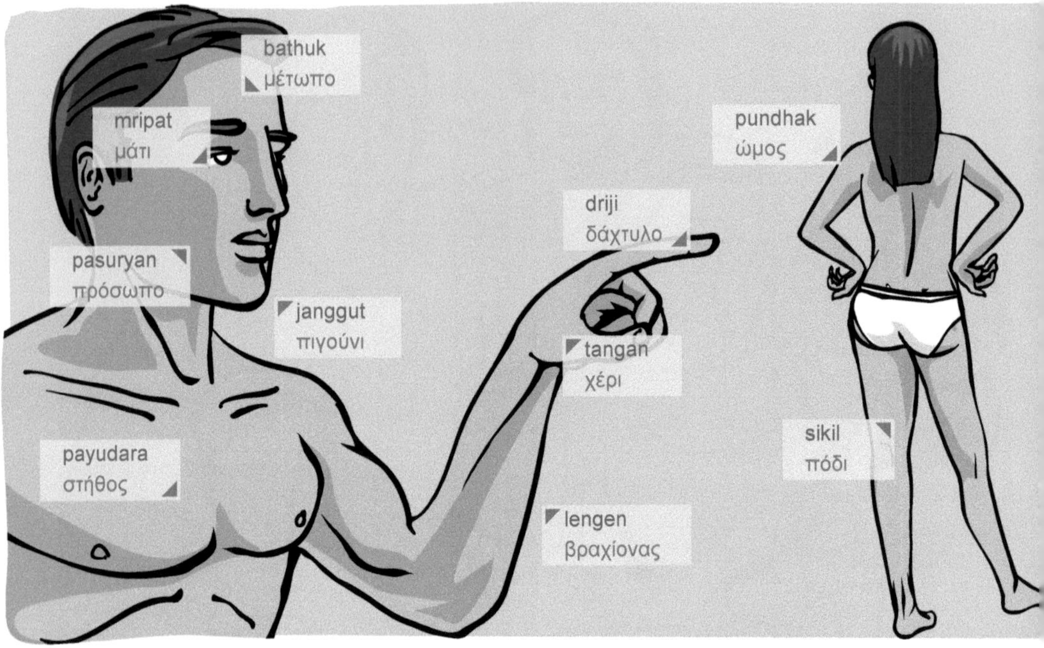

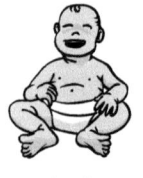

bayi

μωρό

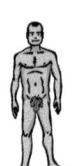

lanang

άνδρας

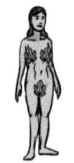

wadon

γυναίκα

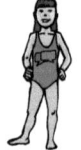

bocah wadon

κορίτσι

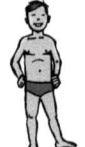

bocah lanang

αγόρι

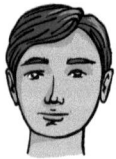

sirah

κεφάλι

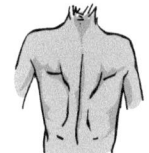

geger

πλάτη

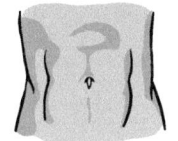

weteng

κοιλιά

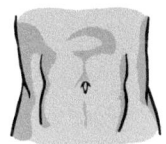

puser

αφαλός

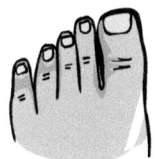

driji sikil

δάχτυλο ποδιού

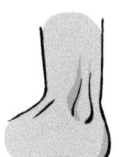

tungkak

φτέρνα

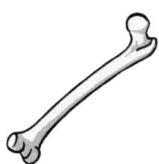

balung

κόκκαλο

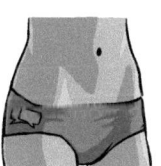

panggul

γοφός

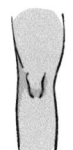

dengkul

γόνατο

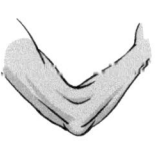

sikut

αγκώνας

irung

μύτη

bokong

γλουτός

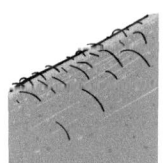

kulit

δέρμα

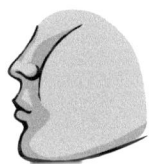

pipi

μάγουλο

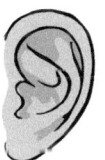

kuping

αυτί

lambe

χείλος

awak - σώμα

lisan

στόμα

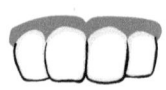

untu

δόντι

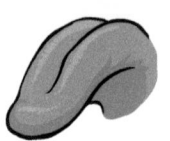

ilat

γλώσσα

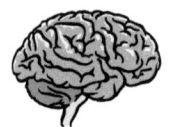

uteg

εγκέφαλος

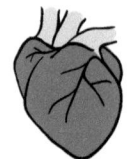

jantung

καρδιά

otot

μυς

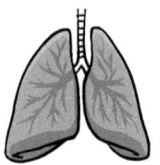

paru

πνεύμονας

ati

συκώτι

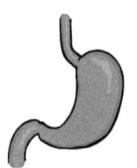

garba

στομάχι

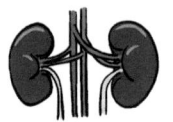

ginjel

νεφρά

sanggama

σεξουαλική επαφή

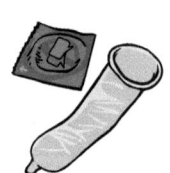

kondom

προφυλακτικό

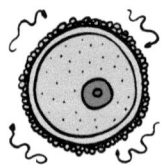

ovum

ωάριο

mani

σπέρμα

mbobot

εγκυμοσύνη

awak - σώμα

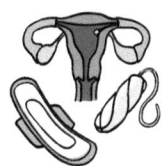

haid

περίοδος

vagina

γυναικείος κόλπος

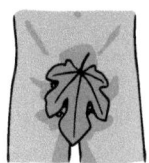

zakar

πέος

alis

φρύδι

rambut

μαλλιά

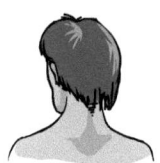

gulu

λαιμός

griya sakit
νοσοκομείο

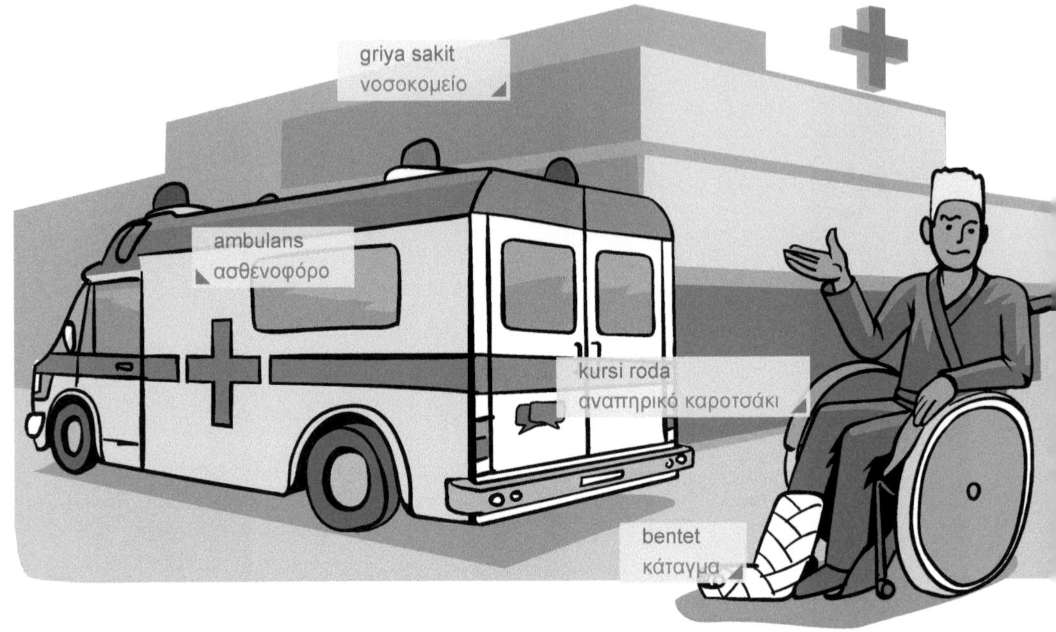

griya sakit
νοσοκομείο
ambulans
ασθενοφόρο
kursi roda
αναπηρικό καροτσάκι
bentet
κάταγμα

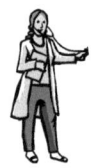

dokter

γιατρός

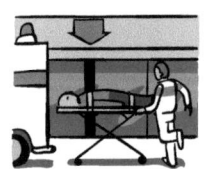

kamar gawat darurat

μονάδα εντατικής θεραπείας

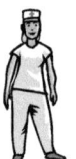

perawat

νοσοκόμα

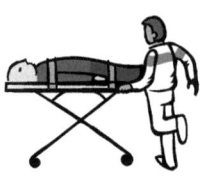

dharurat

έκτακτη ανάγκη

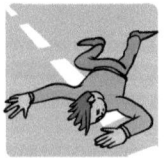

ora sadar

λιπόθυμος

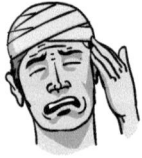

linu

πόνος

tatu

τραύμα

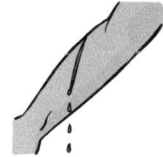

getihen

αιμορραγία

serangan jantung

έμφραγμα

setruk

εγκεφαλικό

alergi

αλλεργία

watuk

βήχας

ngelu

πυρετός

pilek

γρίπη

diare

διάρροια

mumet

πονοκέφαλος

kanker

καρκίνος

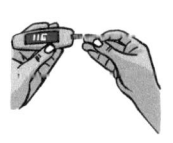

diabetes

διαβήτης

ahli bedah

χειρουργός

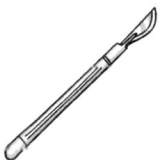

lading bedah

νυστέρι

operasi

εγχείρηση

CT

αξονική τομογραφία

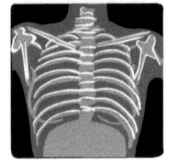

sinar x

ακτινογραφία

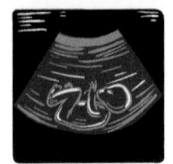

USG

υπέρηχος

masker

μάσκα

penyakit

ασθένεια

kamar nunggu

αίθουσα αναμονής

pitulung

πατερίτσα

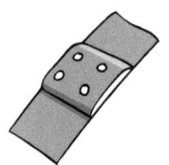

perban

χάνσαπλαστ

perban

επίδεσμος

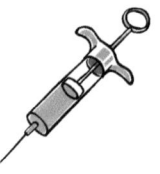

suntik

ένεση

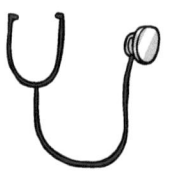

stetoskop

στηθοσκόπιο

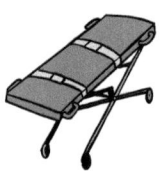

tandu

φορείο

termometer klinik

θερμόμετρο

lair

γέννηση

kalemon

υπέρβαρο

alat bantu dengar

ακουστικό βαρηκοΐας

disinfektan

αντισηπτικό

infeksi

λοίμωξη

virus

ιός

HIV/AIDS

HIV/AIDS

obat

φάρμακο

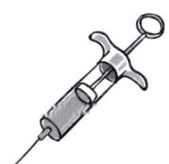

vaksinasi

εμβολιασμός

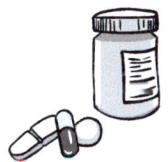

tablet

δισκία

pil

χάπι

nomer telpon darurat

κλήση έκτακτης ανάγκης

ngukur tensi getih

πιεσόμετρο αίματος

lara / waras

άρρωστος / υγιής

Tulung!

Βοήθεια!

alarem

συναγερμός

sergap

βιαιοπραγία

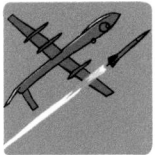

serangan

επίθεση

bebaya

κίνδυνος

lawang metu dharurat

έξοδος κινδύνου

Kobongan!

Φωτιά!

alat mateni geni

πυροσβεστήρας

kacilakan

ατύχημα

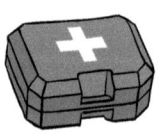

pitulungan wiwitan

κουτί πρώτων βοηθειών

SOS

SOS

polisi

αστυνομία

Eropa

Ευρώπη

Amerika Lor

Βόρεια Αμερική

Amerika Kidul

Νότια Αμερική

Afrika

Αφρική

Asia

Ασια

Australia

Αυστραλία

Atlantik

Ατλαντικός Ωκεανός

Pasifik

Ειρηνικός Ωκεανός

Samudra Hindia

Ινδικός Ωκεανός

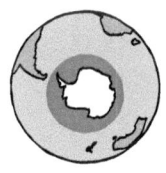

Samudra Antartika

Ανταρκτικός Ωκεανός

Samudra Arktik

Αρκτικός Ωκεανός

Kutub Lor

Βόρειος Πόλος

Kutup Kidul

Νότιος Πόλος

Antarktika

Ανταρκτική

bumi

Γη

daratan

γη

segara

θάλασσα

pulau

νησί

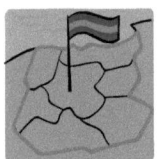

bangsa

έθνος

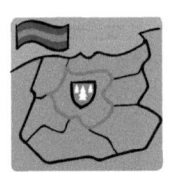

negara

πολιτεία

layar jam

καντράν ρολογιού

dom jam

ωροδείκτης

dom menit

λεπτοδείκτης

dom detik

δείκτης δευτερολέπτων

Jam piro saiki?

Τι ώρα είναι;

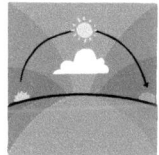

dina

ημέρα

wektu

χρόνος

saiki

τώρα

jam digital

ψηφιακό ρολόι

menit

λεπτό

jam

ώρα

minggu
εβδομάδα

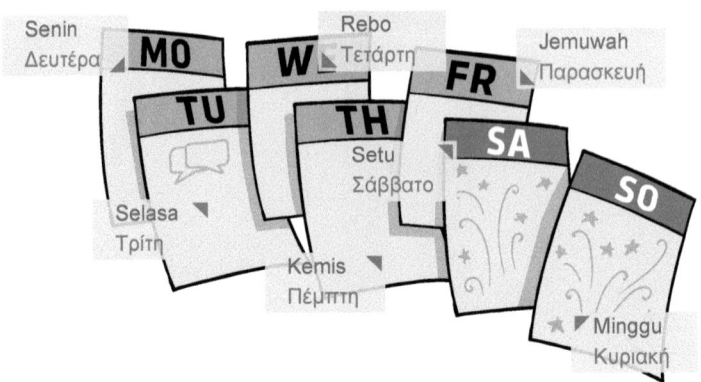

Senin
Δευτέρα

Rebo
Τετάρτη

Jemuwah
Παρασκευή

Selasa
Τρίτη

Setu
Σάββατο

Kemis
Πέμπτη

Minggu
Κυριακή

wingi

χθες

saiki

σήμερα

sesuk

αύριο

esuk

πρωί

awan

μεσημέρι

bengi

βράδυ

MO	TU	WE	TH	FR	SA	SU
1	2	3	4	5	6	7
8	9	10	11	12	13	14
15	16	17	18	19	20	21
22	23	24	25	26	27	28
29	30	31	1	2	3	4

dina kerja

εργάσιμες ημέρες

MO	TU	WE	TH	FR	SA	SU
1	2	3	4	5	6	7
8	9	10	11	12	13	14
15	16	17	18	19	20	21
22	23	24	25	26	27	28
29	30	31	1	2	3	4

akhir minggu

Σαββατοκύριακο

tahun
έτος

udan es
βροχή
kluwung
ουράνιο τόξο
salju
χιόνι
angin
άνεμος
musim semi
άνοιξη
mangsa gugur
φθινόπωρο
musim ketigo
καλοκαίρι
mangsa adem
χειμώνας

4.APRIL 11°
5.APRIL 4°
6.APRIL 13°
7.APRIL 8°
8.APRIL 10°

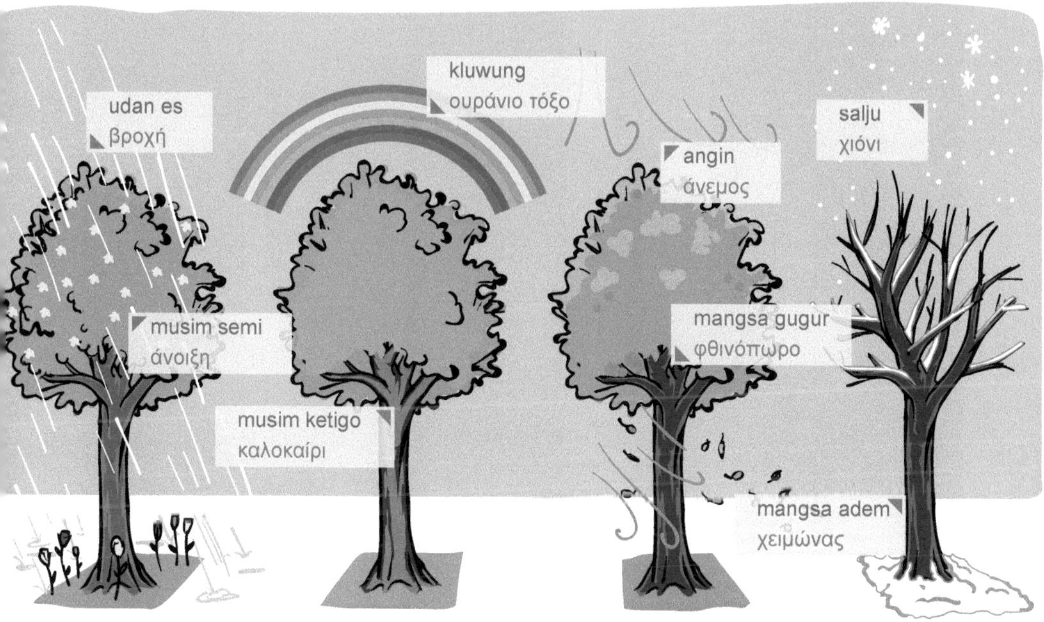

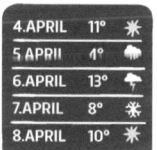

ramalan cuaca
πρόγνωση καιρού

F
C
120
90
60
30
0
-30
40
30
20
10
0
-10
-20

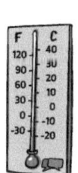

termometer
θερμόμετρο

srengenge
λιακάδα

mendhung
σύννεφο

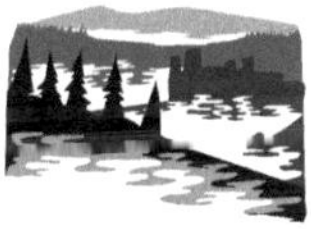

kabut
ομίχλη

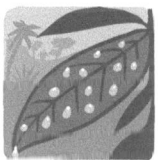

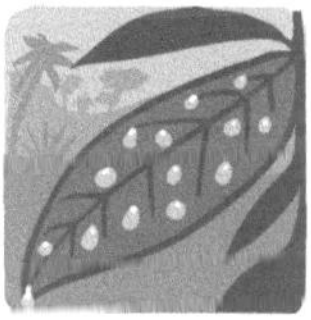

kelembapan
υγρασία

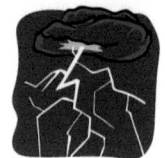

kilat

αστραπή

bledheg

κεραυνός

badai

καταιγίδα

udan es

χαλάζι

muson

μουσώνας

banjir

πλημμύρα

es

πάγος

Januari

Ιανουάριος

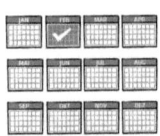

Februari

Φεβρουάριος

Maret

Μάρτιος

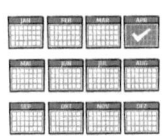

April

Απρίλιος

Mei

Μάιος

Juni

Ιούνιος

Juli

Ιούλιος

Agustus

Αύγουστος

tahun - έτος

September
....
Σεπτέμβριος

Oktober
....
Οκτώβριος

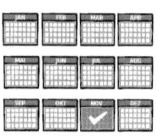

Nopember
....
Νοέμβριος

Desember
....
Δεκέμβριος

wangun

σχήματα

bunder
....
κύκλος

kuadrat
....
τετράγωνο

segi papat
....
ορθογώνιο
παραλληλόγραμμο

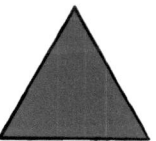

segi telu
....
τρίγωνο

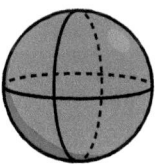

bal
....
σφαίρα

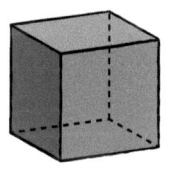

kubus
....
κύβος

putih

άσπρο

kuning

κίτρινο

oranye

πορτοκαλί

jambon

ροζ

abang

κόκκινο

ungu

μωβ

biru

μπλε

ijo

πράσινο

coklat

καφέ

abu-abu

γκρι

ireng

μαύρο

akeh / sithik

πολύ / λίγο

nesu / kalem

θυμωμένος / ήρεμος

ayu / elek

όμορφος / άσχημος

pawitan / pungkasan

αρχή / τέλος

gede / cilik

μεγάλυς / μικρος

padhang / peteng

φωτεινός / σκοτεινός

sedulur lanang / sedulur wadon

άδελφός / αδελφή

resik / reged

καθαρύς / λερωμενος

pepak / ora pepak

πλήρης / ατελής

awan / bengi

ημέρα / νύχτα

mati / urip

νεκρός / ζωντανός

jembar / sempit

φαρδύς / στενός

iso dipangan / ora iso dipangan

βρώσιμος / μη βρώσιμος

ala / becik

κακός / ευγενικός

seneng / bosen

ενθουσιασμένος / βαριεστημένος

lemu / kuru

παχύς / λεπτός

pisanan / pungkasan

πρώτος / τελευταίος

kanca / musuh

φίλος / εχθρός

kebak / kosong

γεμάτος / άδειος

atos / empuk

σκληρός / μαλακός

abot / enteng

βαρύς / ελαφρύς

luwe / wareg

πείνα / δίψα

lara / waras

άρρωστος / υγιής

illegal / legal

παράνομος / νόμιμος

pinter / bodo

έξυπνος / χαζός

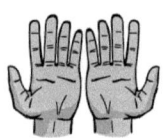

kiwa / tengen

αριστερός / δεξιός

cedhak / adoh

κοντινός / μακρινός

kontras - αντίθετα

anyar / lawas

καινούριος /
μεταχειρισμένος

ora ana / ana

τίποτα / κάτι

tuwa / enom

γέρος | νέος

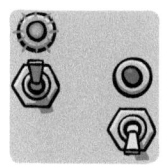

urip / mati

αναμμένος / σβηστός

buka / tutup

ανοιχτός / κλειστός

anteng / rame

χαμηλόφωνος /
μεγαλόφωνος

sugeh / mlarat

πλούσιος / φτωχός

bener / salah

σωστός / λανθασμένος

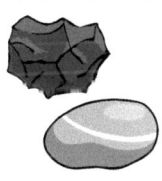

kasar / alus

τραχύς / λείος

susah / seneng

λυπημένος / χαρούμενος

cendhak / dawa

κοντός / μακρύς

alon / banter

αργός / γρήγορος

teles / garing

υγρός / στεγνός

anget / adem

ζεστός / δροσερός

porang / tentrem

πόλεμος / ειρήνη

kontras - αντίθετα

0	**1**	**2**
nol	siji	loro
μηδέν	ένα	δύο
3	**4**	**5**
telu	papat	limo
τρία	τέσσερα	πέντε
6	**7**	**8**
enem	pitu	wolu
έξι	εφτά	οκτώ
9	**10**	**11**
songo	sepuluh	sewelas
εννιά	δέκα	έντεκα

12
rolas

δώδεκα

13
telulas

δεκατρία

14
patbelas

δεκατέσσερα

15
limolas

δεκαπέντε

16
nembelas

δεκαέξι

17
pitulas

δεκαεφτά

18
wolulas

δεκαοκτώ

19
songolas

δεκαεννέα

20
rong puluh

είκοσι

100
satus

εκατό

1.000
sewu

χίλια

1.000.000
sak yuto

εκατομμύριο

basa Inggris

Αγγλικά

basa Inggris Amerika

Αμερικάνικα Αγγλικά

basa Cina Mandarin

Μανδαρίνικα Κινέζικα

basa Hindi

Χίντι

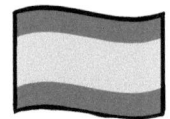

basa Spanyol

Ισπανικά

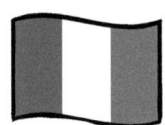

basa Prancis

Γαλλικά

basa Arab

Αραβικά

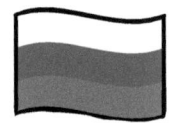

basa Rusia

Ρώσικα

basa Portugis

Πορτογαλικά

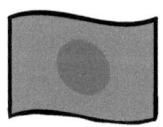

basa Bengali

Μπενγκάλι

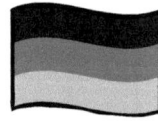

basa Jerman

Γερμανικά

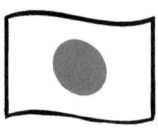

basa Jepang

Ιαπωνικά

aku

εγώ

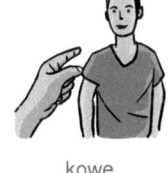

kowe

εσύ

dheweke

αυτός / αυτή / αυτό

kita

εμείς

kowe kabeh

εσείς

dheweke kabeh

αυτοί / αυτές / αυτά

sapa?

ποιος / ποια / ποιο;

apa?

τι;

piye?

πώς;

neng endi?

πού;

kapan?

πότε;

jeneng

όνομα

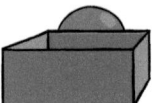

mburi

πίσω

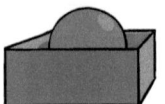

ing jero

μέσα

ing ngarep

μπροστά

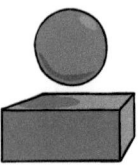

ing dhuwure

πάνω από

ing

πάνω

ing ngisore

κάτω

sisih

δίπλα

antarane

ανάμεσα

panggonan

μέρος